우리가 몰랐던 현대사

우리가 몰랐던 현대사

초판 1쇄 2018년 2월 1일 | 초판 4쇄 2021년 5월 7일

글 장석준 | 그림 김곰
펴낸이 양정수 | 편집진행 박보람 | 편집 윤수지 | 디자인 구민재page9 | 마케팅 양준혁
펴낸곳 도서출판 노란상상 | 등록 2010년 1월 8일 제 2010-000027호
주소 서울시 영등포구 양평로 157, 1311호
전화 02-797-5713(영업부), 02-2654-5713(편집부)
팩스 02-797-5714 | 전자우편 yyjune3@hanmail.net

ISBN 978-89-97367-99-3 73910

ⓒ 장석준, 김곰 2018

※ 이 책의 국립중앙도서관 출판사도서목록(cip)은
    e-CIP 홈페이지(http://www.ni.go.kr/ecip)에서 이용하실 수 있습니다.
    (CIP제어번호 : CIP2017033366)

※ 책값은 뒤표지에 있습니다.

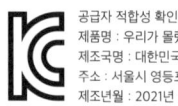
공급자 적합성 확인
제품명 : 우리가 몰랐던 현대사 | 제조자명 : 노란상상
제조국명 : 대한민국 | 전화번호 : 02-797-5713
주소 : 서울시 영등포구 양평로 157, 1311호
제조년월 : 2021년 5월 7일 | 사용 연령 : 10세 이상

※ KC 마크는 이 제품이 공통 안전 기준에 적합하였음을 의미합니다.
※ 책의 모서리가 날카로워 다칠 수 있으니 던지거나 떨어뜨려 다치지 않도록 주의하세요.

우리가 몰랐던
현대사

장석준 글 | 김곰 그림

차례

|여는 말| 민주주의 시대가 시작되다 … 6

제1부 조선 말에서 대한제국까지

백성이 깨어나기 시작하다 · 홍경래의 난 … 12
사람은 모두 한울님 · 동학이 퍼지다 … 22
우리 민주주의 혁명의 시작 · 동학 농민 혁명 … 32
서울에서도 민주화 운동이 벌어지다 · 만민 공동회 … 43

제2부 일제 강점기

새 나라 민중이 깨어나다 · 3·1운동 … 54
독립운동가들이 만들려고 한 나라 · 대동 세상 … 65
빠르게 퍼진 새로운 평등사상 · 노동 운동, 농민 운동의 등장 … 74
청소년도 정치의 당당한 주인공 · 광주 학생 운동 … 83
세상의 절반이 깨어나다 · 여성 운동 … 93
민주주의를 위한 한국·중국·일본 민중 공동의 싸움 · 제국주의에 함께 맞선 일본인들 … 103

해방부터 정부 수립까지

임시 정부 정신은 평등 공화국 · 좌우 연립 정부와 삼균주의 … 112
일본이 패망하자마자 건국 준비 위원회를 만들어 낸 힘 · 여운형과 건국 동맹 … 121
일본이 버리고 간 공장을 노동자가 돌리다 · 노동자 자주 관리 운동 … 132
기업은 누구의 것일까? · 제헌 국회와 이익균점권 … 142

정부 수립 이후 최근까지

평등과 평화의 나라를 향해 · 조봉암과 진보당 … 152
민주 공화국은 거듭된 혁명으로 새 생명을 얻는다 · 4월 혁명과 광주 민주화 운동 … 162
정치 민주화와 함께 경제 민주화를! · 1987년 6월 항쟁과 노동자 대투쟁 … 174
자유, 평등, 연대가 꽃피는 씨알들의 나라 · 좋은 삶을 살 수 있는 좋은 사회 … 186

| 맺는말 | 역사는 우리 가운데 살아 있다 … 196

| 여는 말 |

민주주의 시대가
시작되다

여러분은 '역사'라고 하면, 어떤 이름들이 떠오르나요? 광개토 대왕? 칭기즈 칸? 나폴레옹? 아마 대부분 왕이나 장군들 이름이겠지요. 커다란 제국을 세운 황제 아니면 백만 대군을 이끈 장군들 말입니다. 그런데 베르톨트 브레히트라는 독일 시인은 이런 물음을 던졌습니다.

책 속에는 왕의 이름들만 나오지.
하지만 왕들이 손수 돌덩이를 운반했을까?
바빌론은 몇 번이나 파괴됐었지.
그때마다 그 도시를 누가 재건했더라?

역사의 페이지마다 승리가 나오지.
하지만 승리 축하 잔치는 누가 차렸을까?
10년마다 위대한 인물이 나타나지.
그때마다 거기 드는 돈은 누가 냈더라?

'책 읽는 한 노동자의 의문'이라는 시의 일부입니다(번역은 김광규 옮김, 〈살아남은 자의 슬픔〉, 1990. 참고). 정말 맞는 말 아닌가요? 이집트의 파라오가 거대한 피라미드를 쌓았다고 하지만, 직접 돌을 날라 피라미드를 만든 것은 이름 없는 이집트 백성이었지요. 알렉산더 대왕이 그리스에서 인도에 이르는 대제국을 세웠다지만, 인도까지 가는 길에 무수히 싸우며 쓰러져 간 병사들이 없었다면 있을 수 없는 일이었습니다.

그러고 보면 우리는 역사의 진짜 주인공을 늘 잊고 있습니다. 그 주인공은 '민중'입니다. 다름 아닌 저나 여러분, 그리고 여러분의 엄마, 아빠 같은 보통 사람들입니다. 동양이든 서양이든 오랫동안 이 진짜 주인공은 항상 무대 뒤에 가려져 있었습니다. 민중 덕분에 잘 먹고 잘살면서도 민중을 깔보고 짓밟는 국왕과 양반, 귀족의 시대가 몇 천 년 계속됐습니다.

그러나 지금으로부터 200년 전 무렵부터 사정이 바뀌기 시작했습니다. 이때부터 민중은 무대 앞으로 나와 목소리를 내기 시작했습니다. 가장 잘 알려진 사건은 1789년에 프랑스에서 일어난 대혁명이었습니다. 프랑스의 평민들은 국왕과 귀족들을 몰아낸 뒤에 '자유', '평등', '연대'가 꽃피는 민주주의 공화국을 세우려 했습니다. 처음부터 순탄하지는 않았습니다. 국왕과 귀족들이 다시 돌아와 역사가 뒤로 후퇴하기도 했습니다. 그러나 한 번 시작된 민주주의의 꿈, 민중이 나라의 주인임을 확인해야겠다는 꿈은 쉽게 사라지지 않았습니다.

프랑스만이 아니었습니다. 비슷한 시기에 세계 곳곳에서 민중의 행진이 시작됐습니다. 우리나라도 예외가 아니었습니다. 우리 할아버지, 할머니들도 그 무렵 양반 세상이 낡고 잘못됐다고 생각하기 시작했습니다. 일단 생각이 깨이자 행동을 시작했습니다. 반란이 일어났고, 운동이 계속됐고, 혁명이 시작됐습니다. 그 길은 다른 나라들과 마찬가지로 험난했습니다. 다른 나라에 나라를 빼앗기는 수모를 겪기도 했습니다. 그러나 결국은 우리 민주 공화국을 세우는 데 성공했습니다. 그리고 지금도 '자유', '평등', '연대'를 향해 민주 공화국 대한민국을 더욱 전진시키려는 노력이 계속되고 있습니다.

그런 노력이 벌어지는 곳에서 흔히 불러 온 노래가 있습니다. 여러분의 엄마, 아빠들이 민주주의를 위해 어깨 걸고 싸울 때마다 함께 부른 노래입니다. 바로 〈임을 위한 행진곡〉이라는 노래입니다. 1980년에 일어난 광주 민주화 운동을 기리는 곡이지요. 이 노래의 마지막 가사는 이렇습니다.

> 세월은 흘러가도 산천은 안다
> 깨어나서 외치는 뜨거운 함성
> 앞서서 나가니 산 자여 따르라
> 앞서서 나가니 산 자여 따르라

이 책은 '앞서서 나갔던' 사람들의 이야기입니다. 우리가 민주 시민으로서 역사의 주인공이라 자부할 수 있게 만들어 준 우리 할아버지, 할머니, 엄마, 아빠들의 지혜와 결단, 투쟁과 노력의 이야기입니다.

— 글쓴이 장석준

제1부

조선 말에서
대한제국까지

백성이 깨어나기 시작하다

홍경래의 난

다른 나라에서 민주주의 혁명이 처음 시작될 즈음에 우리나라에도 변화의 조짐이 나타나고 있었습니다. 그러니까 지금으로부터 약 200년쯤 전 이야기입니다. 그때 우리 할아버지, 할머니들도 낡은 세상에 숨 막혀 하고 있었습니다. 당시는 조선 시대였지요. 고려를 이어받은 조선 왕조가 벌써 400살이 넘은 때였습니다.

국왕과 양반만 주인이었던 나라, 조선

400년이 넘는 기나긴 세월 동안 조선을 다스린 사람들은 국왕과 양반이었습니다. 양반은 과거 시험에 급제(합격)해 관리가 된 사람들을 일컫는 말이지요.

법률에 따르면 노비를 제외하고 누구나 다 과거 시험을 볼 수 있었습니다. 누구든 과거 시험에 붙으면 양반이 될 수 있다는 것이었습니다. 이런 법률만 놓고 보면, 조선은 당시 세계 어느 나라보다 평등한 것처럼 보였습니다.

그러나 현실은 전혀 달랐지요. 과거 시험을 보려면 다른 일은 다 제쳐 두고 어려운 한문 공부에 매달려야 했습니다. 한문으로 시를 짓거나 긴 글을 쓰는 게 과거 시험 내용이었기 때문입니다. 이 시대 사람들은 대부분 농사를 지어 먹고살았습니다. 그런데 새

김홍도의 풍속화 <벼타작> | 조선 시대의 생생한 모습을 담고 있다.

벽 일찍 일어나 온종일 논밭에서 일해도 끼니를 잇기 힘들었습니다. 그러니 공부할 시간이 날 리가 없었지요. 농민의 자식도 과거 시험을 볼 수 있었다고는 하지만, 실제로 농사지으며 공부해서 양반이 되기란 힘들었습니다.

그럼 누가 양반이 됐을까요? 다름 아닌 양반의 자식들이었습니다. 이미 양반인 아버지의 아들이 어릴 적부터 다른 일은 안 하고 한문 공부만 해서 과거에 급제하고, 아버지를 이어 양반이 됐습니다. 양반의 아들은 어떻게 공부만 할 수 있었을까요? 양반 집안은 넓은 땅을 갖고 있었기 때문입니다.

농민들이 양반집 땅에서 농사지어 곡식을 수확하면 곡식 중 일부는 나라에 세금으로 내고, 또 일부는 땅 주인인 양반에게 바쳤습니다. 양반은 직접 농사를 짓지 않아도 농민들이 바친 곡식으로 풍족하게 살아갈 수 있었습니다. 그러니 양반의 자식이 다시 양반이 될 수밖에 없었지요. 말하자면 양반은 서양의 귀족과 다를 게 없었습니다. 할아버지에서 아버지로, 아들에서 손자로 대를 이어 가며 권력을 쥐고 세상의 주인 노릇을 했습니다.

조선에는 양반과 평민(보통 농민)의 차별 말고도 또 다른 심각한 문제가 있었습니다. 바로 노비 제도였습니다. 노비는 양반 밑에서 양반 대신 농사도 짓고 집안일도 하는 사람들이었습니다. 이 사람들은 다른 농민들과 달랐습니다. 노비는 양반의 재산이었습니다. 사람인데도 재산으로 취급받았습니다. 마치 물건처럼 말이지요.

노비는 하고 싶은 일을 마음대로 할 수도 없었고, 다른 곳으로 이사를 갈 수도 없었습니다. 그저 양반이 시키는 대로 일해야 했습니다. 게다가 노비의 자식은 무조건 노비로 살아야 했습니다. 양반의 자식이 대를 이어 양반이 되

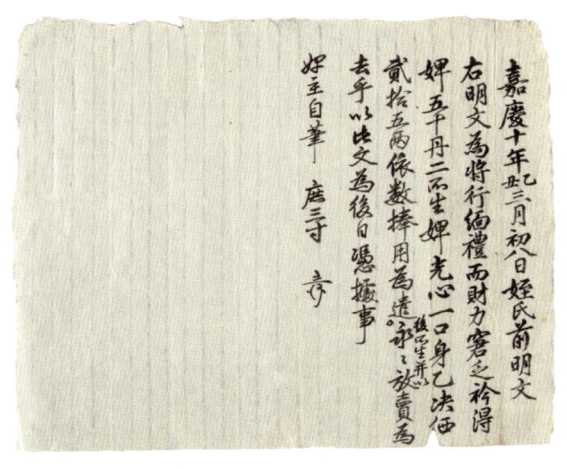

노비매매명문 | 조선 시대에는 노비를 물건저럼 사고팔았다는 사실을 알 수 있는 노비매매명문.

는 것과 마찬가지로 노비의 자식도 대를 이어 노비가 되어야 했지요. 노비는 '천민'이라고 해서 다른 농민들보다 더 차별을 받았습니다.

만적의 외침, "임금과 양반은 씨가 따로 있나!"

이렇게 조선은 너무나 불평등한 나라였습니다. 18세기 말부터 세계 곳곳에서 낡은 질서가 흔들리기 시작한 무렵 우리 할아버지, 할머니들도 더는 이 불평등한 세상을 참고 살 수 없다고 느꼈습니다.

실은 아주 오래전부터 이런 생각을 한 사람들이 있었습니다. 지금으로부터 약 800년 전에 노비들이 잘못된 세상을 뒤엎으려 한 적이 있었지요. 조선 왕조보다 더 전인 고려 왕조 때 일입니다. 이때 노비들의 지도자는 만적이란 사람이었습니다.

만적은 "국왕과 양반은 씨가 따로 있느냐!"라고 외쳤습니다. 국왕과 양반의 자식만 계속 왕이 되고 양반이 되란 법이 어디 있냐는 이야기였습니다. 노비의 자식도 왕이 되고 양반이 될 수 있다는 것이었습니다. 노비를 비롯한 모든 사람이 다 평등하다는 놀라운 생각이었습니다. 그러나 만적과 동지들은 반란을 일으켜 보기도 전에 들통이 나서 감옥에 갇혀 죽고 말았지요. 만적처럼 시대를

앞선 생각을 한 이들은 대개 뜻을 펼치지 못하고 사라졌습니다.

그러나 조선 왕조 끝 무렵부터 이야기가 달라지기 시작합니다. 만적이 실패했던 것과는 달리 거대한 반란이 실제로 일어났습니다. 이때는 정조 임금이 갑자기 죽고 아들인 순조 임금이 다스리던 시절이었습니다. 몇몇 힘 있는 소수의 양반이 나이 어린 국왕을 깔보고 자기들 멋대로 나라를 주무르기 시작했습니다. 탐관오리가 판을 쳤고, 가뜩이나 힘들던 백성들의 삶은 더욱 고단해졌습니다.

결국, 조선의 서북쪽 땅 평안도에서 분노가 폭발했습니다. 평안도에서 홍경래가 이끄는 반란이 일어난 것입니다. 역사책에서는 이 반란을 '홍경래의 난'이라고 합니다.

양반들을 처음으로 벌벌 떨게 만든 홍경래의 난

왜 하필 평안도였을까요? 조선 시대에는 양반과 농민, 노비 사이에 차별이 있었을 뿐만 아니라 지역 차별도 있었습니다. 대대로 양반이 많은 지역은 큰소리를 쳤습니다. 그러나 양반이 적은 지역은 그렇지 못했습니다.

바로 평안도가 그랬습니다. 평안도는 중국과 이웃한 국경 지역이라서 국경을 지키는 군인이나 무역을 하는 상인이 많았습니다. 반면 과거 시험을 보고 높은 관리가 된 사람들은 적었습니다. 그러다 보니 한양(서울의 옛 이름)의 조정(정부)은 평안도를 별 볼 일 없는 변두리로 취급했습니다. 평안도 사람들은 이것이 큰 불만이었지요.

홍경래도 평안도 사람이었습니다. 그는 누구나 과거 시험에 붙으면 관리가 될 수 있다는 법률을 믿고 여러 번 과거 시험을 봤습니다. 하지만 그때마다 시험에 떨어졌습니다. 홍경래가 직접 눈으로 본 과거 시험은 순 엉터리였습니다. 실력 있는 사람이 뽑히는 게 절대 아니었습니다. 권력을 쥔 양반에게 뇌물을 준 사람들이나 양반집 자식들만 합격자 명단에 이름이 올랐습니다. 게다가 홍경래 같은 평안도 사람은 눈 씻고 찾아봐도 합격자 명단에 없었습니다. 홍경래는 썩은 세상을 뒤집어엎고 새 세상을 만들어야겠다고 결심했습니다.

홍경래는 자기처럼 불만을 품은 평안도 사람들을 모아 비밀 군대를 만들었습니다. 가난한 농민이나 광산에서 힘들게 일하던 광부들이 모여들었습니다. 양반들 등쌀에 장사도 제대로 하기 힘들었던 상인들도 돈을 대 주었습니다.

1811년, 드디어 홍경래 군대가 싸움을 시작했습니다. 순식간에 평안도의 정주성이 홍경래 군대에 함락됐습니다. 평안도의 거의 절반이 넘어갔습니다. 홍경래 군대는 계속 남쪽으로 진군하려 했습니다. 목표는 한양이었습니다. 홍경래 편에 선 농민, 천민들은 한양에 쳐들어가서 못된 양반들을 혼내 주고 싶었습니다.

양반들은 커다란 충격을 받았습니다. 조선 왕조 수백 년 역사에 처음 있는 일이었기 때문이었습니다. 홍경래의 난이 일어나기 전에도 반란은 많이 있었습니다. 그러나 모두 양반들이 일으킨 반란이었습니다. 반면 홍경래의 난은 양반들이 무시하고 짓밟던 힘없는 백성들이 일으킨 반란이었습니다. 양반들은 홍경래 군대가 한양까지 쳐들어올까 봐 신경이 곤두섰습니다. 그들은 관군을 닦달해서 반격에 나섰습니다.

아직은 때가 아니었나 봅니다. 관군의 반격으로 홍경래 군대는 더 진군하지 못했습니다. 그들은 정주성에 포위되었다가 결국 관군에게 패배했습니다. 홍경래는 전사했고, 그의 동지들은 처형됐습니다. 다섯 달 동안 계속됐던 홍경래의 난은 이렇게 실패로 끝나고 말았습니다.

홍경래는 쓰러졌지만, 또 다른 '홍경래'들이 일어서다

하지만 이것으로 끝이 아니었습니다. 홍경래의 난은 양반들에게는 공포였지만, 백성들에게는 새로운 희망이었습니다. 홍경래의 난은 백성들이 힘을 모으면 조정과 양반을 벌벌 떨게 만들 수 있다는 것을 보여 주었습니다. 우리 할아버지, 할머니들은 이때 처음으로 자신들에게도 힘이 있음을 깨달았습니다. 참고만 살 게 아니라고 다짐하기 시작했지요.

홍경래는 쓰러졌지만, 수많은 '홍경래'들이 곳곳에서 일어났습니다. 양반들이 횡포를 부리는 곳마다 백성들이 들고일어났습니다. 이런 제2, 제3의 홍경래의 난은 흔히 '민란'이라고 불렸습니다. 한자 '민(民)'은 양반이 아닌 농민, 천민들을 뜻합니다. 그러니까 '민란'은 농민, 천민들의 난이라는 뜻입니다. 바야흐로 민란의 시대가 열리고 있었습니다.

사람은 모두 한울님

동학이 퍼지다

순조에 이어 임금이 몇 차례 바뀌었습니다. 하지만 세상은 그대로였습니다. 계속 몇몇 양반 집안이 백성들을 쥐어짜며 나라를 망가뜨렸습니다. 그중에서도 특히 안동 김씨 집안이 막강한 권력을 누렸습니다. 안동 김씨 집안에 뇌물을 바친 사람들이 벼슬자리를 얻었고, 이 사람들은 다시 백성에게 가혹한 세금을 거둬 제 잇속을 챙겼습니다.

민란의 시대

하지만 백성들도 이제는 고분고분하지 않았습니다. 관리들의 횡포를 더 두고 볼 수 없겠다 싶으면, 무리 지어 관아로 쳐들어갔습니다. 관아를 점령하고, 사또를 쫓아내고, 세금 장부를 불태웠습니다. 바로 민란이었습니다.

철종 임금 시절인 1862년에 경상도의 중요한 도시였던 진주성에서 민란이 일어났습니다. 그 뒤 전국 곳곳에서 비슷한 민란이 계속됐습니다.

사실 민란을 일으킨다는 것은 죽음을 각오해야 하는 일이었습니다. 민란에 앞장선 사람은 홍경래처럼 반역자로 낙인찍혀 사형을 당했습니다. 하지만 이것으로 민란을 막을 수는 없었습니다. 백성들은 힘들고 억울한 사정을 조금이라도 풀 길은 지방 관리들의 죄상을 조정에 알리는 방법밖에 없다고 생각했습니다. 그래서 죽음도 두려워하지 않고 낫과 괭이를 무기 삼아 관아로 쳐들어갔습니다.

이 시대 백성들은 과거의 조선 백성이 아니었습니다. 생각이 바뀌고 있었습니다. 새로운 세상을 향한 열망이 타오르고 있었습니다. 평안도에서 홍경래 군대가 외쳤던 함성을 이제는 조선 팔도 곳곳에서 들을 수 있었습니다.

"썩은 벼슬아치들을 갈아 치우자!"

"안동 김씨를 몰아내자!"

양반들의 사상이 되어 버린 유학

그러나 이 정도 생각만으로는 세상을 바꿀 수 없었습니다. 양반들에게는 자기들 주장을 뒷받침해 줄 오래된 사상이 있었기 때문입니다. 바로 유학이었습니다. 유학은 아주 먼 옛날인 2,500여 년 전 중국의 사상가 공자로부터 시작된 사상이지요. 공자나 그 후의 유학자들이 차별과 억압을 주장했던 것은 아닙니다. 하지만 조선의 양반들은 유학이 마치 양반과 농민, 노비의 차별을 편드는 것처럼 이야기했습니다.

이 무렵에는 어느 나라나 마찬가지였습니다. 서양에서는 귀족들이 기독교를 제 입맛에 맞게 이용했습니다. 예수는 모두가 평등함을 말했습니다. 하지만 귀족들은 하느님이 자신들에게 권력과 재산을 주었다고 이야기했습니다. 그러므로 농민들이 귀족의 명령을 신의 말씀과 같이 무조건 따라야 한다고 떠들었습니다. 유럽의 국왕과 귀족들은 기독교의 평등사상을 불평등한 세상을 변호하는 사상으로 뒤바꾸었습니다.

낡은 세상을 바꾸려면 이런 옛 사상들 대신 새로운 사상이 필요했습니다. 서양에서는 기독교 대신 계몽주의가 등장했습니다. 이제는 신을 중심에 두지 말고, 인간을 중심에 두자는 사상이었습니다. 계몽주의자들은 과학을 통해 자연을 새롭게 바라봤고, 과학의 눈으로 인간 세상을 보기 시작했습니다. 그러면서 점차 귀족, 평민의 구분 없이 모든 인간이 평등하다고 생각하게 됐습니다.

서학에서 평등사상을 찾은 사람들

조선 왕조에 실망하고 분노한 우리 할아버지, 할머니들도 새로운 사상을 간절히 바랐습니다. 그러나 유학은 그런 사상이 아니었습니다. 그래서 어떤 이들은 서양의 기독교에 관심을 보였습니다. 당시 서양에서는 기독교가 오랫동안 국왕과 귀족 편만 들었다고 공격받고 있었습니다. 하지만 우리 선조들은 양반, 평민 가리지 않고 한데 모여 하느님을 기리는 기독교의 예배에서 평등한 새 세상의 모습을 보았습니다.

조선에서는 기독교(가톨릭)가 서양에서 온 사상이라고 해서 '서학'이라 불렸습니다. 조정은 서학을 위험한 사상이라고 금지했습니다. 하지만 백성 중에는 서학을 열심히 받아들인 이들이 많았습니다. 서학을 믿고 예배를 드리면 감옥에 갇히고 목숨까지 잃을 수 있는데도 말이지요. 그만큼 평등사상을 절실히 원했던 것입니다.

하지만 서학에 만족하지 못하는 이들도 많았습니다. 서학이 서양에서 온 사상이기 때문이었습니다. 이 무렵 영국, 프랑스 같은 유럽 국가들은 동양에 군함을 보내 침략하고 있었습니다. 1840년대, 영국이 중국과 전쟁을 벌여 처음으로 승리를 거두기도 했습니다(아편 전쟁). 이 소식이 조선에도 알려졌습니다. 그때까지 중국이 세계 최강국인 줄 알고 있던 조선의 양반들은 커다란 충격에 빠졌습니다. 백성들도 마찬가지였습니다. 그래서 동양에 쳐들어오는 서양의 사상이 아닌 다른 새 사상을 바라는 이들이 많았습니다.

우리 땅에서 탄생한 평등사상, 동학

때맞춰 그런 사상이 등장했습니다. 진주 민란이 일어나기 2년 전인 1860년에 경상도 경주에 살던 선비 최제우가 신과 대화하는 신비로운 체험을 했습니다. 최제우는 양반 집안에서 태어났지만 조상들이 오랫동안 벼슬에 오르지 못했기 때문에 가난했습니다. 양반이라도 평민과 다를 게 없었습니다. 최제우는 조선이 한 번 크게 바뀌어야 할 때가 됐다고 믿었습니다. 그래서 세상을 바꿀 길을 찾아 유학, 불교, 도교, 서학 가리지 않고 모든 사상을 닥치는 대로 공부했습니다. 하지만 어디에서도 길을 찾지 못했습니다. 그러다 문득 신의 목소리를 듣게 되었습니다.

최제우는 세상을 창조하고 움직이는 신을 '한울님'이라고 불렀습니다. 서학의 하느님과 비슷합니다. 그런데 좀 다른 점도 있습니다. 최제우는 한울님이 사람 바깥에 따로 있지 않다고 말했습니다. 사람 안에 있다고 했습니다. 그래서 한울님을 모시려면 나와 너,

모든 사람을 모셔야 한다고 했습니다. 그 시절 사람 중에는 양반도 있고, 평민도 있고, 천민도 있었습니다. 물론 남자와 여자가 있었고, 어른과 어린이가 있었습니다. 그런데 최제우의 가르침은 이 모든 사람을 다 모셔야 한다는 이야기였습니다. 양반만이 아니라 평민, 천민도 모셔야 하고, 어른 남자만이 아니라 여자와 어린이도 모셔야 한다는 것이었습니다.

최제우의 사상에는 이렇게 모든 사람을 동등하게 보는 평등의 이상이 숨어 있었습니다. 그래서 삽시간에 수많은 사람이 최제우의

가르침을 듣기 위해 몰려들었습니다. 민란이라도 일으켜서 낡은 세상에 맞서려 한 그 시대의 많은 이들이 최제우의 가르침에서 새 세상의 실마리를 찾았습니다. 최제우는 새로운 사상에 '동학'이라는 이름을 붙였습니다. 서학과 대비되는 이름이었지요. 서양이 아니라 우리 땅(동방)에서 시작된 새 사상이라는 뜻이었습니다.

민란과 서학에 두려움을 느끼던 조정은 동학도 위험한 사상이라고 봤습니다. 그래서 1864년에 최제우를 잡아 처형했습니다. 최제우는 죽기 전에 제자 최시형에게 동학을 계속 갈고닦고 퍼뜨리는 일을 맡겼습니다. 최시형은 한문 공부도 제대로 못 한 사람이었습니다. 한때는 남의 집 머슴으로 일하기도 했습니다. 최제우는 양반 제자들은 제쳐 두고 그런 최시형에게 동학을 맡겼습니다. 최제우의 생각이 이미 조선의 낡은 질서를 넘어섰음을 잘 알 수 있지요.

베 짜는 여인도 한울님, 어린아이도 한울님

최시형은 몰래 전국을 돌아다니며 동학을 널리 퍼뜨렸습니다. 이제 경상도만이 아니라 충청도, 전라도 그리고 홍경래의 땅인 평안도까지 동학이 퍼졌습니다. 조정이 금지하는데도 불구하고 동학을 믿고 따르는 신자가 엄청나게 늘어났습니다.

최시형 | 최시형은 최제우의 뒤를 이은 동학의 두번째 지도자였다.

최시형은 스승 최제우보다 더 쉬운 우리말로 가르침을 전했습니다. 그는 스승의 가르침에 숨어 있던 평등사상을 아주 분명하게 밝혔습니다.

"사람이 곧 한울님입니다. 그러므로 사람은 모두 평등해서 차별이 있을 수 없습니다. 귀족과 천민을 나누는 일은 한울님의 뜻에 어긋납니다. 마땅히 차별을 없애야 합니다."

양반과 평민의 차별만 없애야 할 게 아니었습니다. 어느 날 최시형은 베틀로 천을 짜는 여인을 보고 이렇게 말했습니다. "한울님이 베를 짜고 계시는군요." 또 동학 교인이 자식을 야단치는 걸 보고서는 이렇게 말했습니다. "어린이를 때리면 한울님을 때리는 거요. 당장 그만두시오." 이렇게 최시형은 오랫동안 차별받던 여성과 어린이도 동등한 한 인간으로 대접받아야 한다고 선언했습니다.

500년 조선 왕조 질서를 뒤집는 놀라운 생각이었습니다. 동학이 퍼지면서 이런 생각을 하는 사람들이 늘어났습니다. 양반들의 세상을 더는 참을 수 없었던 우리 할아버지, 할머니들에게 드디어 새로운 사상이라는 강력한 무기가 생긴 것입니다.

우리 민주주의 혁명의 시작

동학 농민 혁명

　1894년 2월 전라도 고부(지금은 정읍) 들판에 함성이 울려 퍼졌습니다. 탐관오리인 고부 군수 조병갑을 몰아낸 농민들이 터뜨린 기쁨의 함성이었습니다.

　농민들이 들고일어난 것은 저수지 때문이었습니다. 조병갑은 고부군 사람들에게 강제로 일을 시켜서 저수지를 만들었습니다. 처음에는 이 저수지 물을 누구나 마음껏 농사에 쓸 수 있게 해 주겠다고 약속했습니다. 하지만 조병갑은 약속을 어기고 농민들이 물을 쓸 때마다 세금을 물렸습니다. 세금은 조병갑의 호주머니로 다 들어갔습니다. 화가 머리끝까지 난 고부군 백성들은 관아로 쳐들어갔습니다. 민란이었습니다.

민란이 아니라 혁명이 시작되다

그러나 늘 보아 오던 민란과는 달랐습니다. 갑자기 분노해서 쳐들어간 게 아니었습니다. 민란을 이끄는 조직이 있었습니다. 지도자도 뽑았습니다. 서당 훈장(선생님)으로 아이들을 가르치던 전봉준이 지도자가 됐습니다. 고부군 사람들은 다른 이웃 고을들에도 소식을 전했습니다. 그러자 옆 고을들에도 고부 사람들과 뜻을 함께하는 모임이 순식간에 만들어졌습니다. 마치 오래전부터 준비한 것처럼 일이 착착 진행됐습니다.

맞습니다. 오랫동안 준비한 사람들이 있었습니다. 동학당이었습니다. 동학당이란 동학을 함께 공부하는 사람들을 가리키는 말입니다. 전봉준은 고부군 동학당 지도자였습니다. 사또를 혼내 주자는 목소리가 높아지자 고부군 동학당이 앞장서서 백성들을 이끌었던 것입니다. 고부 사람들이 처음 소식을 전한 옆 고을 사람들

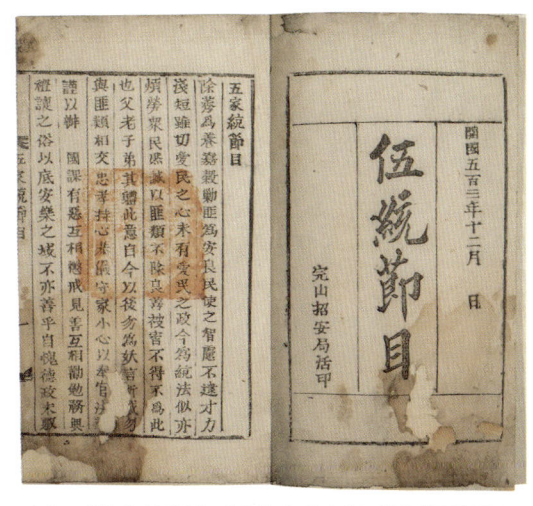

전라도 관찰사가 동학 농민 운동과 관련해 도내에 배포한 문서

도 바로 그 고을 동학당이었습니다. 그래서 처음부터 손발이 척척 맞았던 것입니다.

이것이 다른 민란과 차이점이었습니다. 이제 조선 백성들에게는 동학이라는 새 사상이 있었습니다. 또한, 동학을 따르는 사람들이 만들어 놓은 조직도 있었습니다. 그냥 한두 고을에 있는 조직이 아니었습니다. 조선 팔도 곳곳에 뻗어 있는 조직이었습니다. 이 조직을 통해서 고부군 소식은 전라도 여러 고을뿐만 아니라 최시형이 머물던 충청도, 동학이 처음 시작된 경상도까지 퍼졌습니다.

단순한 민란이 아니었습니다. 고부 백성들은 사또를 몰아낸 걸로 만족하지 않았습니다. 오래전 홍경래의 난 때처럼 옆 고을 농민, 천민들을 모았습니다. 전봉준과 동학당 동지들이 대장이 됐습니다. 사람들은 전봉준을 '녹두 장군'이라 불렀지요. 키가 작았기 때문에 작고 푸른 콩을 뜻하는 '녹두'라는 별명을 붙인 것입니다.

농민군은 전라도에서 가장 큰 도시였던 전주성으로 쳐들어갔습니다. 전주성을 점령한 다음 계속 북쪽으로 진군해서 한양까지 밀고 갈 계획이었습니다. 한양에 쳐들어가서 조선 왕조를 크게 바꿔 볼 생각이었습니다. 드디어 조선에서도 민중들의 혁명이 시작된 것입니다.

백성들을 짓밟으려고 외국 군대를 끌어들인 임금

역사책은 고부 민란으로 시작된 이 사건을 '동학 농민 혁명(운동)'이라 부릅니다. 한문으로 연도를 표시하는 방법에 따르면 1894년이 '갑오년'이기 때문에 '갑오 농민 혁명'이라고도 합니다.

농민 혁명군의 기세는 엄청났습니다. 5월에 드디어 전주성을 점령했습니다. 전주성 함락은 한양의 고종 임금과 양반들에게는 큰 충격이었습니다. 전주는 조선 전체에서 다섯 손가락 안에 드는 중요한 도시 중 하나였습니다. 더구나 조선 이씨 왕가가 시작된 곳이라(그래서 '전주 이씨'라 하지요) 특별한 대우를 받기도 했습니다. 그런 전주가 농민군에게 넘어간 것이었습니다.

백성들의 힘은 홍경래의 난 때와는 비교가 되지 않게 커져 있었습니다. 무기가 좋아진 게 아니었습니다. 무기라고 해 봐야 사냥할 때 쓰는 낡은 조총 몇 자

고종의 어진 | 고종은 조선 제26대 왕이자, 대한제국 제1대 황제이다.

루나 대나무로 만든 창뿐이었습니다. 농민군의 힘은 새로운 생각에서 나왔습니다. 양반, 평민, 천민 가릴 것 없이 모두 다 한울님을 모신 고귀한 인간이라고 생각하니 무서울 게 없었습니다.

고종 임금과 왕비(나중에 명성황후라 불리게 되지요)는 관군이 농민군에게 지기만 하니까 딴생각을 하게 됐습니다. 외국 군대를 불러서 농민군을 막아야겠다는 것이었습니다. 임금과 왕비는 중국(당시는 청나라) 군대를 불러들였습니다. 아니, 자기 나라 백성들을 막겠다고 남의 나라 군대를 우리 땅에 불러들이다니요. 처음에는 양반 관리들조차 화들짝 놀라 반대했습니다.

그러나 임금이 고집을 부려서 결국 중국 군대가 건너왔습니다. 중국 군대가 오자, 일본도 군대를 보냈습니다. 이참에 조선을 침략하려는 속셈이었습니다. 우리 땅에 들어온 두 외국 군대는 농민군, 그러니까 우리 할아버지, 할머니들에게 총부리를 들었습니다. 그리고 조선 땅을 놓고 저희끼리 싸울 준비도 했습니다. 참으로 슬픈 우리 역사입니다. 국왕과 양반들이 외세를 끌어들이는 바람에 십몇 년 뒤, 우리는 결국 일본에 나라를 빼앗기게 되니까요.

국왕과 양반들은 이토록 어리석었지만, 농민군은 그렇지 않았습니다. 중국과 일본 군대가 들이닥치자 농민군은 두 나라의 싸움

질로 우리 땅이 쑥대밭이 될까 봐 걱정했습니다. 그래서 일단 관군과 휴전했습니다. 한양에 쳐들어가는 일은 뒤로 미룬 것이지요. 전봉준과 동학당 동지들은 더 힘을 모았다가 가을 추수철이 끝나면 다시 한판 대결을 벌여야겠다고 다짐했습니다.

집강소와 도소 - 관리가 아니라 민중이 직접 다스리다

관군과 휴전했다고 해서 농민군이 죄다 뿔뿔이 흩어진 것은 아니었습니다. 농민군은 고향 마을로 돌아가 '도소'라는 기관을 만들었습니다. 도소는 그야말로 농민군이 세운 새 정부였습니다. 농민군에 참가했던 마을 사람들이 도소에 모여 직접 마을 일을 결정했습니다.

도소가 힘이 센 고을에는 '집강소'도 생겼습니다. '집강'은 사또 밑에서 고을 일을 보는 낮은 관리를 뜻합니다. 집강소는 집강이 일하는 곳이고요. 하지만 도소가 강력한 고을에서는 이제 집강을 사또가 임명하지 않았습니다. 도소에 모인 농민들이 직접 집강을 임명했습니다. 농민 대표가 집강이 되자 농민들은 이제 무슨 일이 생기면 관아가 아니라 집강소로 모여들었습니다. 어떤 고을에서는 사또가 집강소의 눈치를 보면서 일을 했고, 어떤 고을에서는 아예 사또는 제쳐 두고 집강소가 고을을 다스렸습니다.

도소와 집강소는 갑오년 농민군이 바라던 세상이 어떤 모습이었는지 잘 보여 줍니다. 도소와 집강소가 생긴 고을들에서는 우리 역사에서 처음으로 양반 아닌 평민이, 관리 아닌 민중이 직접 정치를 했습니다. 노비 문서를 태워서 노비들의 자유를 찾아 줬습니다. 농민과 노비를 못살게 굴던 악독한 양반을 혼내 주었습니다. 사또가 걷던 필요 없는 세금을 없애고, 부자가 가난한 사람들에게 돈을 빌려주고는 엄청난 이자를 받는 일도 금지했습니다.

농민군을 이끌던 전봉준과 동학당은 조선 팔도를 모두 이런 세상으로 바꾸고 싶었습니다. 조만간 한양을 점령하면 집강소와 비슷한 기관을 한양에도 만들려고 했습니다. 농민 대표들이 한양에서 서로 뜻을 모아 나라를 다스리자는 것이었습니다. 유럽에서 민주주의 혁명으로 만들어진 '의회'(지금 우리는 '국회'라 하지요)를 조선 땅에도 만들려 했던 것입니다.

'새야 새야 파랑새야, 녹두밭에 앉지 마라'

가을에 드디어 농민군이 다시 일어났습니다. 일본 군대가 한양을 점령했다는 소식을 듣고는 더 참을 수 없었던 것입니다. 이번에는 전라도 농민군뿐만 아니라 최시형이 머물던 충청도의 동학당까지 함께했습니다. 그러나 관군에 새로 합류한 일본군은 너무 막강했습니다. 농민군의 조총과 대나무 창으로는 일본군의 대포와 기관총을 이길 수 없었습니다.

11월 초, 농민 혁명군은 한양으로 가는 길목인 충청도 공주성 근처 우금치라는 곳에서 크게 패배하고 말았습니다. 많은 사람이 죽거나 다쳤고 전봉준을 비롯한 지도자들이 잡혀서 죽임을 당했습니다.

우리의 첫 번째 민주주의 혁명은 이렇게 외국 군대의 총칼에 짓밟히고 말았습니다. 아니, 동아시아에 민주주의 혁명이 일어나길 바라지 않은 조선, 중국, 일본, 세 나라 정부가 힘을 합쳐 동아시아의 첫 민주주의 혁명을 짓밟았습니다.

그러나 그해 여름 도소와 집강소의 가슴 벅찬 기억은 총칼로도 없앨 수 없었습니다. 우리 할아버지,

체포되어 압송되는 전봉준의 모습.

할머니들은 "새야 새야 파랑새야, 녹두밭에 앉지 마라. 녹두꽃이 떨어지면 청포 장수 울고 간다."라는 노래 가사를 읊조리며 갑오년의 기억을 잊지 않았습니다. '파랑새'는 일본 군대였고, '청포 장수'는 민중이었습니다. 그리고 '녹두'는, 그렇습니다. 바로 '녹두 장군'이고 '농민 혁명군'이었습니다.

서울에서도 민주화 운동이 벌어지다

만민 공동회

농민 혁명군이 무참히 쓰러지고 4년이 지난 1898년 3월이었습니다. 이번에는 한양의 거리가 사람들로 들썩였습니다. 다들 "러시아는 물러나라!"라고 외쳤습니다. 중국, 일본처럼 우리나라를 호시탐탐 노리던 러시아가 우리 땅에 해군 기지를 만들려는 걸 반대하는 외침이었습니다. 집회장 맨 앞, 커다란 천에는 이렇게 적혀 있었습니다. '만민 공동회'.

독립 협회가 시작한 토론 운동

스스로 다른 나라 군대를 불러들였다가 나라를 중국, 일본의 싸움터로 만들어 버린 고종 임금은 뒤늦게 외국의 간섭으로부터 벗어나려 했습니다. 그래서 생각해 낸 방안이 스스로 '황제'가 되는 것이었습니다.

그때까지 조선은 중국 임금을 '왕'보다 더 높은 '황제'로 떠받들었습니다. 하지만 이제부터는 조선 임금도 '황제'이니 다른 나라는 조선의 나랏일에 간섭하지 말라는 것이었습니다. 그래서 1897년 10월, 고종은 자신을 '황제'라 선포하고 나라 이름도 '조선'에서 '대한제국'으로 바꿨습니다.

그러나 이름만 바꾸면 뭐하겠습니까? 대한제국은 여전히 민중의 나라가 아니었습니다. 오직 황제와 양반들만의 나라였습니다. 그러니 허약할 수밖에 없었고, 다른 나라의 먹잇감이 되지 않을 수 없었습니다. 바꾸려면 뿌리부터 바꿔야 했습니다. 갑오년에 농민 혁명군이 바랐던 것처럼 말이지요. 평민과 천민, 여성과 어린이도 주인이 되는 나라로 탈바꿈해야 했습니다.

한양 사람들도 지방 농민들처럼 이런 꿈을 꾸었습니다. 다만 농민들은 새로운 사상으로 동학을 받아들였는데, 한양 사람들은 좀 달랐습니다. 한양에는 외국인들이 많이 와 있어서 다른 나라 소식이나 학문을 쉽게 접할 수 있었습니다. 기독교(개신교) 교회도 여럿 들어섰고, 서양 말과 과학 지식을 가르치는 신식 학교도 하나둘 등장했습니다.

1896년에는 신문도 생겼습니다. 제목이 〈독립신문〉이었고, 한문이 아니라 한글로 쓰였습니다. 〈독립신문〉을 낸 곳은 독립 협회라는 단체였습니다.

독립 협회는 서양 계몽주의에 관심이 많은 지식인이 함께 만든 단체였습니다. 지금도 서

〈독립신문〉 | 서재필이 창간한 우리나라 최초의 한글 신문

울에 남아 있는 독립문은 독립 협회가 시민들의 성금을 모아 만든 기념물입니다. 대한제국이 이제는 외국의 간섭을 받지 않는 당당한 독립국임을 알리는 상징이었지요.

독립 협회는 토론 운동도 시작했습니다. 민주주의는 중요한 일을 모두가 함께 참여해서 함께 결정하는 방식입니다. 그러려면 서로 토론할 줄 알아야 합니다. 정답이 정해져 있는 것도 아니고 누

가 명령을 내릴 수도 없지요. 토론을 통해 함께 답을 찾고 약속을 만들어 가야 합니다. 그러나 그때까지 조선 사람들은 양반이 시키면 묵묵히 따르는 것에 익숙해져 있었습니다. 토론은 낯설었지요.

그래서 독립 협회가 토론 운동을 시작한 것입니다. 처음에는 신식 학교에 다니는 학생들(지금의 중·고등학생)을 모아 토론회를 개최했지요. 우선 학생들을 두 팀으로 나눴습니다. 그러고는 중요한 정치 문제를 주제로 삼아서 두 팀이 서로 반대되는 주장을 하며 논쟁하게 했습니다. 요즘의 '모의국회 토론' 같은 것이었습니다.

광장의 토론 운동, 만민 공동회

학생들의 토론회가 성공을 거두자 시민이면 누구나 참여할 수 있는 토론회도 열었습니다. 처음에는 회의장에서 하다가 아예 거리로 사람들을 불러 모았습니다. 이런 거리 토론회에 붙인 이름이 바로 '만민 공동회'였습니다. '만민'이란 수많은 다양한 사람들을 뜻했습니다. '만민 공동회'란 많은 시민이 함께하는 커다란 토론회라는 뜻이었습니다.

때로는 '관민 공동회'라고도 불렸습니다. '관'은 관리를 뜻했지요. 특별히 '관민 공동회'라 불린 날에는 만민 공동회에 조정의 높은 관리들도 참석했습니다. 지금으로 치면, 국무총리나 장관에 해당하는 높은 벼슬아치들이었습니다. 관민 공동회에 참석한 관리들은 수많은 시민으로부터 직접 질문을 받고 때로는 혼도 났습니다. 조선 왕조 500년 역사에 처음 보는 광경이었지요.

1898년 3월부터 황제가 머문 대궐 코앞에서 만민 공동회가 자주 열렸습니다. 한 번 열리면 만 명은 거뜬히 모였습니다. 지금이야 서울에 천만 명이 넘게 살지만, 그때는 한양 인구가 수십만 명밖에 안 됐습니다. 그러니 만 명은 엄청나게 많은 수였지요. 갓 쓴 양반이나 지식인만 모여서는 어림도 없었습니다. 장사하던 상인, 날품팔이꾼, 사람대접 못 받던 여성과 어린이들까지 다 모인 덕분이었습니다. 백정 출신이 만민 공동회 대표로 뽑혀서 연설을 하기도 했습니다. 백정은 소나 돼지를 도살해서 고기를 파는 사람인데, 조선 시대에는 노비와 마찬가지로 천민 취급을 받았었지요.

처음에 만민 공동회가 다룬 주제는 외세의 침탈을 막자는 것이었습니다. 이 무렵 러시아, 일본 등 강대국들이 대한제국을 만만히 보고는 우리 항구나 섬, 광산을 차지하려고 달려들었습니다. 돈을 내고 빌리겠다고 했지만, 실은 헐값에 빼앗겠다는 것이었습니다. 만민 공동회에 모인 시민들은 외국인 손아귀에 넘어간 나라 재산을 모두 되찾아야 한다고 주장했습니다.

그러다가 새로운 주제로 관심이 넓어졌습니다. 매번 거리에 모여 토론할 게 아니라 아예 우리도 민주주의 혁명을 경험한 서양의 다른 나라처럼 '의회'를 만들자는 주장이 나타났습니다. 만민 공동회에 모인 민중들이 대표를 뽑고 이 대표들이 황제, 관리들과 함께 정치를 하자는 것이었습니다. 4년 전 농민 혁명군 지도자들이 품었던 것과 같은 꿈이었습니다. 한마디로, "우리도 민주주의를 하자!"는 목소리였습니다.

'의회를 설립하라!'라며 40일 밤을 새우다

만민 공동회는 토론을 통해 합의한 개혁 과제들을 문서로 정리해서 황제에게 내놓았습니다. 시민들이 가장 바란 것은 개혁을 확실히 시행할 수 있도록 우리도 의회를 설립하자는 것이었습니다. 만민 공동회의 기세가 매우 등등했기에 고종 황제도 요구를 다 들어주겠다고 답할 수밖에 없었습니다. 하지만 속내는 달랐습니다. 조선 왕조의 낡은 질서가 몸에 밴 황제와 양반 관리들은 권력을 의회에 내주고 싶지 않았습니다.

본래 11월 5일은 의회에 참여할 시민 대표를 뽑기로 한 날이었

습니다. 그런데 전날 밤 황제가 갑자기 의회 설립에 반대하는 신하들을 장관으로 임명하고는 독립 협회 지도자들을 다 잡아들였습니다. 의회를 설립하겠다고 한 약속을 뒤집어 버린 것입니다. 고종 황제와 양반들은 동학 농민 혁명 때와 달라진 게 전혀 없었습니다.

그러나 민중은 결코 쉽게 굴복하지 않았습니다. 독립 협회 지도자들 없이도 곧바로 만민 공동회가 열렸습니다. 11월 5일 아침부터 12월 25일까지 무려 42일 동안 거리에서 집회를 열었습니다. 해가 진 뒤에도 추운 겨울밤을 꼬박 새우며 집회를 계속했습니다. 나무꾼부터 거리에서 장사하는 할머니, 기생, 백정까지 몰려들어 발언하고 성금도 냈습니다. 어린이들까지 모임을 만들어 집회장에 왔습니다. 〈독립신문〉은 매일 열리는 집회를 상세히 보도했습니다.

그러자 황제와 양반들은 비겁하게 보부상들을 보내 만민 공동회를 강제로 해산하려 했습니다. 보부상은 봇짐을 지고 온 나라를 돌아다니며 장사하는 사람들이었습니다. 이들은 돈 많은 양반의 꾐에 넘어가 만민 공동회에 와서 행패를 부렸습니다. 이때 김덕구라는 한 시민이 보부상 패거리에 맞서 싸우다 목숨을 잃는 불행한 일이 일어났습니다. 김덕구는 신발 고치는 일을 하던 가난한 시민이었습니다. 만민 공동회는 김덕구의 의로운 죽음을 기리며 성금을 모아 장례식을 치렀습니다.

만약 만민 공동회의 뜻이 이뤄졌더라면

이렇게 치열하게 싸웠지만, 만민 공동회의 뜻은 이뤄지지 못했습니다. 갑오년 혁명 운동과 마찬가지로 일단은 실패했습니다. 김덕구의 죽음에도 불구하고 황제는 계속 보부상들을 보내 만민 공동회를 방해했습니다. 그러고는 의회 설립은 이제 말도 꺼내지 말라고 윽박질렀습니다. 외세에는 입도 뻥긋 못하면서 제 나라 민중은 사정없이 짓밟았습니다.

만약 이때 만민 공동회의 뜻대로 의회를 만들었다면, 우리 역사는 어떻게 바뀌었을까요? 국민이 당당히 주인 되는 나라는 쉽게 넘볼 수 없습니다. 일본의 힘이 아무리 막강하더라도 대한제국처럼 허망하게 나라를 뺏기지는 않았을 것입니다. 하지만 안타깝게도 대한제국은 민주화의 기회를 놓치면서 자주독립의 기회도 놓치고 말았습니다.

그렇다고 만민 공동회가 아무 소득도 없었던 것은 아닙니다. 만민 공동회를 겪으면서 수많은 젊은이가 대한제국을 민주주의 공화국으로 바꾸겠다는 꿈을 품기 시작했습니다. 명연설로 만민 공동회에서 박수를 한 몸에 받았던 청년 안창호, 성균관(조선 시대의 국립대학) 학생으로 집회에 참여한 신채호 같은 인물들입니다. 일본에 나라를 빼앗기자 곧바로 독립운동에 나선 게 바로 이들이었습니다. 민주 국가를 꿈꾼 만민 공동회 정신은 이렇게 항일 독립운동으로 이어졌습니다.

제2부

일제 강점기

새 나라 민중이 깨어나다

3·1운동

3·1운동은 학교에서 이미 많이 들어 봤을 것입니다. 게다가 해마다 3월 1일이 되면 100여 년 전 일어난 이 사건을 기념해 하루를 쉽니다. 그러니 모를 수가 없지요. 3·1운동을 떠올리면 다들 민족 대표 33인, 탑골 공원, 기미 독립 선언문, 유관순 열사 등 이런 이야기들이 함께 떠오를 겁니다.

양반들의 옛 나라는 9년 전에 망했지만

3·1운동이 터진 1919년은 대한제국이 망한 지 벌써 아홉 해째였습니다. 무능한 황제와 양반 대신들 때문에 결국 일본이 우리 땅을 집어삼켰습니다. 우리나라는 졸지에 일본의 식민지가 된 것

입니다.

그 시대에는 일본 같은 강대국들이 남의 나라를 점령해서 사람들을 헐값에 부리고 온갖 자원을 빼앗아 가는 일이 세계 곳곳에서 흔히 벌어졌습니다. 강대국들은 스스로를 '제국'이라고 불렀고, 이들이 빼앗은 남의 땅은 '식민지'라 불렀지요.

이 무렵 우리나라 말고도 인도나 베트남처럼 역사가 오래된 아시아 여러 나라가 식민지 신세였습니다. 중국도 해안가의 큰 도시들을 유럽 강대국들에게 빼앗긴 처지였습니다.

3·1운동은 더는 이런 세상

백악춘효-빼앗긴 궁궐의 봄 | 심전 안중식이 1915년경 그린 작품이다.

에서 살 수 없다는 외침이었습니다. 우리 할아버지, 할머니들은 세계 모든 나라가 다 들으라고 있는 힘껏 "대한 독립 만세!"를 외쳤습니다. 양반들의 옛 나라는 9년 전에 망해 없어졌지만, 이 외침과 함께 민중의 새 나라가 태어났습니다.

3·1운동은 원대하고 치밀한 계획의 결과

그런데 많은 사람이 미처 잘 모르는 3·1운동의 모습들이 있습니다. 우선 3·1운동은 어느 날 갑자기 일어난 사건이 아니었습니다. 본래 3월 3일에 고종 황제의 장례식이 있을 예정이었습니다. 그해 1월에 고종 황제가 갑자기 사망했던 것입니다. 비록 나라를 빼앗긴 무능한 임금이었지만, 그래도 사람들은 슬픔에 잠겼습니다. 장례식에 함께하기 위해 많은 이들이 서울로 모여들었습니다.

3·1운동은 장례식이 열리기 이틀 전에 벌어졌습니다. 그래서 흔히들 이렇게 생각합니다. 고종 황제 장례식에 맞춰 민족 대표 33인이 만세 시위를 벌이기로 계획해서 3·1운동이 시작되었다고요.

하지만 이것은 그림 일부만 본 것입니다. 훨씬 더 큰 그림이 있었습니다. 3·1운동을 준비한 주역은 독립 선언문에 민족 대표로 이름을 올린 천도교(동학의 새 이름입니다), 기독교(개신교), 불교 지도자

들만이 아니었습니다. 또한, 고종 황제가 죽자 그에 맞춰 계획한 것도 아니었습니다. 3·1운동은 당시 거의 모든 독립운동가가 세계 여러 나라를 넘나들며 오랜 시간을 들여 치밀하게 준비하고 실행한 원대한 계획의 결과였습니다.

러시아 혁명 정부와 미국 윌슨 대통령이 약속한 민족 자결권

유럽 강대국들은 1914년부터 참혹한 전쟁을 벌였습니다. '제1차 세계 대전'이라 불리는 전쟁이지요. 이 전쟁이 1918년 11월에 끝났습니다. 여러 강대국이 무리 지어 서로 싸웠는데, 이긴 쪽에는 미국, 영국, 프랑스, 일본 등이 있었고, 진 쪽에는 독일, 오스트리아 등이 있었습니다. 이 나라들이 1919년 1월부터 프랑스의 파리에서 회담을 열었습니다. 이긴 나라들의 뜻에 따라 세계 질서를 새로 짜는 회담이었습니다.

이때 승전국 중 하나인 미국의 우드로 윌슨 대통령이 한국인들에게는 아주 반가운 주장을 내놓았습니다. '민족 자결권'이었습니다. 민족 자결권이란 어느 민족이든 자기 운명을 스스로 결정할 권리가 있다는 것이었습니다. 강대국의 식민지 상태인 민족도 독립을 원한다면 자기 나라를 세울 수 있어야 한다는 이야기였습니다.

실은 윌슨 대통령이 처음 주장한 것은 아닙니다. 제1차 세계 대전이 끝나기 1년 전에 러시아에서 혁명이 일어났습니다. 러시아도 전쟁에 뛰어든 강대국 중 하나였는데, 3년이나 계속된 전쟁을 참지 못한 러시아 민중이 들고일어났습니다. 황제는 쫓겨났고, 노동자와 농민의 대표들이 혁명 정부를 세웠습니다. 혁명 정부는 곧바로 민족 자결권을 인정하겠다고 선포했습니다. 그동안 러시아 제국의 지배를 받았던 약소민족들이 독립을 원한다면 곧바로 독립할 수 있다는 내용이었습니다.

너무도 올바르고 당연한 약속이었습니다. 한국인처럼 식민지 상태에 있는 민족들이 귀를 쫑긋할 소식이었습니다. 갑자기 러시아 혁명이 전 세계에 유행처럼 번져 나갈 것만 같았습니다. 그러자 미국의 윌슨 대통령이 러시아 혁명 정부의 정책을 받아서 "우리도 민족 자결권을 약속하겠다"라고 나섰습니다. 그러니 혁명에 관한 관심은 끄고 우선 전쟁부터 하고 보자는 것이었습니다.

1년 뒤에 미국이 승전국 중 하나가 된 채 전쟁이 끝났습니다. 덕분에 민족 자결권은 파리 회담의 중요한 논의 주제가 됐습니다. 나라 밖 곳곳에서 활동하던 우리 독립운동가들도 이 소식을 들었습니다. 다들 빼앗긴 나라를 되찾을 더없이 좋은 기회가 왔다고 생각했습니다.

토머스 우드로 윌슨 | 미국의 28대 대통령이다.

나라 안팎의 독립운동가와 민중이 어울려 거대한 파도가 되다

독립운동가들은 우리 민족이야말로 독립을 간절히 바라고 있다는 사실을 세계인들에게 보여 줘야겠다고 생각했습니다. 당시에 독립운동가들은 일본의 탄압을 피해 나라 밖 곳곳에서 활동하고 있었습니다. 압록강 너머 중국 땅인 만주에도 있었고, 두만강 너머 러시아 땅 연해주에도 있었습니다. 중국의 베이징이나 상하이에도 있었고, 미국의 하와이나 캘리포니아에도 있었습니다. 이들이 1918년부터 급하게 서로 연락을 취하며 의견을 모았습니다.

1918년 여름에 중국 상하이에서 여운형, 김규식 같은 비교적 젊은 나이의 독립운동가들이 신한청년당이라는 조직을 만들었습니다. 신한청년당은 국내와 해외 독립운동가들을 연결해서 파리 회담을 준비하는 데 온 힘을 쏟아부었습니다. 국내에서 만세 시위를 벌여서 우리 민족이 얼마나 독립을 바라는지를 전 세계에 보여 주고, 파리 회담에 한국 대표를 파견해서 세계 각국으로부터 독립을 인정받자는 계획이었습니다.

신한청년당의 연락이 닿자마자 곳곳의 독립운동가들이 빠르게 움직였습니다. 서울 탑골 공원에서 독립 선언문을 낭독하기 한 달 전인 2월 1일에 만주에서 처음으로 독립 선언이 발표됐습니다. 1919년은 한자식으로 쓰면 '기미년'이고 그 전해는 '무오년'이기 때문에 탑골 공원의 선언문은 '기미 독립 선언'이라 하고 1918년 말부터 준비한 만주의 선언문은 '무오 독립 선언'이라 합니다. 만주에서 독립 선언을 하고 1주일 뒤인 2월 8일에는 일본에 있던 유학생들도 독립 선언식을 했습니다.

그리고 마침내 3월 1일에 국내에서 민족 대표 33인이 독립 선

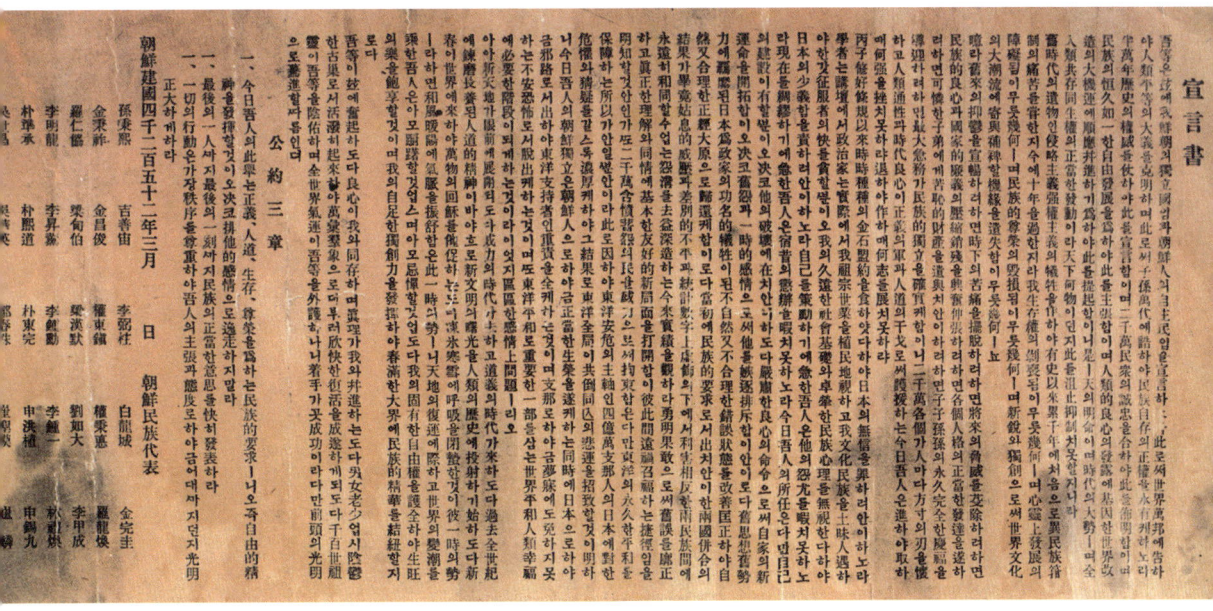

3·1 독립 선언서 | 1919년 3월 1일 민족 대표 33인이 한국의 독립을 선언한 글이다.

언을 발표했습니다. 물론 나라 밖 독립운동가들과 함께 의논해서 감행한 행동이었습니다. 일단 만세 시위가 시작되자 민중들의 호응은 엄청났습니다. 10대 학생부터 농민, 노동자, 여성 가릴 것 없이 수많은 사람이 만세 시위에 동참했습니다. 시위 규모를 실제보다 많이 줄여서 기록한 일본 측 문서를 보더라도 4월까지 전국에서 200만 명 이상이 참여했고 일본군의 총칼에 목숨을 잃은 이들만 7천 명이 넘습니다.

오래전 홍경래의 난은 평안도에서만 일어났고, 동학 농민 혁명은 전라도와 충청도가 중심이었습니다. 만민 공동회는 서울에서만 벌어졌지요. 그러나 3·1운동은 그야말로 조선 팔도의 온 겨레가 함께했습니다. 새 나라 민중이 깨어났습니다. 이토록 거대한 파도는 세계를 넘나들며 3·1운동을 준비하던 독립운동가들도 미처 예상하지 못한 것이었습니다.

대한민국 임시 정부, 민주 공화국을 시작하다

수백만 명이 이렇게 목숨 걸고 싸웠건만, 독립을 인정받지는 못했습니다. 이뿐이 아니었습니다. 신한청년당의 김규식이 한국 대표로 회담에 참석하려고 파리에 갔지만, 회담장에는 들어가 보지도 못했습니다.

알고 보니 윌슨의 민족 자결권은 반쪽짜리 약속이었습니다. 파리 회담은 제1차 세계 대전에 패배한 나라들만 식민지를 내놓는다고 결정했습니다. 승전국들은 계속 식민지를 손에서 놓지 않았습니다. 일본도 승전국 중 하나였습니다. 그래서 한국인들에게는 민족 자결권이 허락되지 않았습니다. 또 다른 승전국인 영국의 식민지였던 인도나 프랑스의 식민지였던 베트남처럼 말이지요.

김규식과 한국 대표단 | 파리 강화 회의는 1919년 1차 세계 대전의 승전국들이 개최한 국제회의이다.

그러나 독립운동가들은 좌절하지 않았습니다. 이미 독립을 선언했으니 당연히 정부를 세워야 한다고 생각했습니다. 서울에서도 시위를 주도한 사람들이 몰래 모여 '한성 임시 정부'(한성은 서울의 옛 이름 중 하나입니다)를 세웠고, 연해주와 상하이에서도 임시 정부를 만들었습니다. 이 세 임시 정부를 하나로 합쳐서 상하이에 '대한민국 임시 정부'가 들어섰습니다.

일본의 총칼을 피해 나라 밖에 세우기는 했지만, 3·1운동으로 만들어진 당당한 새 정부였습니다. 새 나라 이름은 '대한민국'이었고, 나라의 틀은 민주주의 공화국이었습니다. 그렇습니다. 1910년에 망한 나라는 황제가 다스리던 대한제국이었지만, 새 나라는 국민이 주인인 민주 공화국 대한민국이었습니다.

참으로 중요하고 큰 의미를 지니는 역사적 결정이었습니다. 실제로 3·1운동은 이 결정 때문에 다른 이름으로 불리는 게 더 어울립니다. 그렇다면 3·1운동에 더 어울리는 이름은 무엇일까요?

독립운동가들이
만들려고 한 나라

대동 세상

    대한민국 헌법은 우리나라 모든 법률의 뿌리가 되는 최고의 법입니다. 아니 단순한 법률이 아닙니다. 정치, 경제, 사회에 걸친 삶의 모든 측면에서 잣대가 되고 나침반이 되는 우리 국민의 약속입니다.

    헌법 맨 앞에는 '전문'이 있습니다. 전문이란 '앞에 붙인 글'이라는 뜻이지요. 전문의 처음은 이렇습니다. '유구한 역사와 전통에 빛나는 우리 대한국민은 3·1운동으로 건립된 대한민국 임시정부를 계승하고'. 헌법 첫머리에 3·1운동이 나옵니다. 그만큼 3·1운동은 중요한 사건입니다. 대한민국의 출발점입니다. 그래서 3·1운동에 더 어울리는 이름은 '3·1혁명', '1919년 민주 혁명'입니다.

독립운동은 새 나라 세우기 운동

흔히 일제 강점기의 '독립운동'이라고 하면, 빼앗긴 나라를 되찾으려고 한 운동이라고 생각합니다. 틀린 이야기는 아닙니다. 하지만 '되찾는다'라는 말을 잘 들여다봐야 합니다. 보통 '되찾는다'고 하면 잃었던 물건을 예전 상태 그대로 돌려받는다는 뜻입니다.

물론 우리 할아버지, 할머니들은 일본에 빼앗긴 나라를 되찾으려고 했습니다. 그러나 일본에 망한 옛 나라를 예전 상태 그대로 되돌려 놓으려는 것은 결코 아니었습니다. 독립운동가들의 꿈은 그런 게 아니었습니다. 대한제국으로, 조선으로 돌아가려고 한 것이 아니었습니다. 이씨 황제를 다시 세우려던 게 아니었습니다. 양반들이 호령하는 세상으로 돌아가려던 게 아니었습니다.

1919년 3, 4월에 "대한 독립 만세!"를 외친 수많은 민중은 이런 나라로 돌아가자고 목숨 걸고 싸우지 않았습니다. 민중들은 '새로운' 나라를 만들려고 했습니다. 빼앗긴 나라는 국왕과 양반만 주인 노릇을 하는 낡은 왕국이었지만, 새 나라는 전혀 다른 국가여야만 했습니다. 모든 민중이 주인이 되는 국가, 민주주의 공화국이어야만 했습니다.

3·1운동? 3·1혁명!

민중이 주인 되는 새 나라. 이것은 동학 농민 혁명과 만민 공동회를 거치며 우리 선조들 사이에서 힘차게 자라나던 꿈이었습니다. 만약 일본에 나라를 뺏기는 일이 없었더라면, 3·1운동이 벌어진 그즈음에 우리나라에서는 틀림없이 민주주의 혁명이 있었을 것입니다. 농민 혁명과 만민 공동회를 이어받은 민중 혁명이 성공했을 것입니다.

3·1운동에 참여한 민중들은 일본을 몰아내고 이에 더해 못다 한 민주 혁명도 이루려 했습니다. 그래서 3·1운동의 결과로 나라 안팎에 등장한 임시 정부들은 하나같이 민주 공화국을 내세웠고, 상하이에 들어선 통합 임시 정부도 마찬가지였습니다. 새 나라 이름 '대한민국'에서 '민국'은 '민주 공화국'을 줄인 말이었습니다. 3·1운동으로 우리 민족 최초의 민주 공화국이 건설된 것입니다. 그러니 3·1운동에 더 잘 어울리는 이름은 '3·1혁명'입니다.

민주 공화국은 항상 민주 혁명으로 탄생할 수밖에 없습니다. 과거에는 지구 위 어느 나라든 다 왕국이었으니까요. 어느 땐가 민중 혁명이 일어나서 국왕이 쫓겨나고 민주 공화국이 시작됐습니다. 그래서 민주 공화국의 헌법은 민주 혁명을 출발점 삼아 내

용을 풀어 갈 수밖에 없습니다. 우리 대한민국에 그 혁명은 바로 3·1운동입니다. 대한민국 헌법 첫 문장이 3·1운동으로 시작하는 이유가 여기에 있습니다.

대동단이 바란 새 나라, '평등 사회'

민주 공화국은 평등한 시민들이 함께 다스리는 나라입니다. 민주 공화국에는 본래부터 평등의 이상이 담겨 있습니다. 그런데 독립운동가들은 여기에서 한 걸음 더 나아갔습니다. 평등을 실현하려면 어떤 차별들과 맞서 싸워야 하는지 분명히 알고 있었습니다. 무오 독립 선언문에 그것이 아주 잘 드러납니다. 어려운 옛 말투를 요즘 말로 바꿔 풀어 보겠습니다.

총칼을 휘두르는 독재 군주 정권들을 쓸어버리고 전 지구에 모든 민족의 평등을 이루는 게 우리 독립의 첫 번째 뜻이다. 모든 동포가 권력과 부를 평등하게 누리게 해서 남성과 여성의 차별, 부자와 가난한 자의 차별을 없애고, 지식과 건강도 평등하게 누리게 해서 유식한 자와 무식한 자, 노인과 젊은이의 차별을 없애는 것이 새 나라의 깃발이다.

돈과 권력뿐만 아니라 지식과 건강까지 평등해야 한다는 것입니다. 새 나라는 철저히 평등을 실현하는 민주 공화국이어야 한다는 것입니다. 무오 독립 선언문을 발표한 만주, 연해주의 독립운동가들뿐만 아니라 거의 모든 독립운동가가 다 비슷한 생각이었습니다.

비밀 조직 대동단을 결성했던 김가진.

또 다른 예로, 3·1운동 직후에 만들어진 '대동단'이라는 국내 독립운동 단체를 이야기할 수 있습니다. 대동단은 대한제국 시절에 높은 벼슬을 했던 이름 높은 양반(김가진)부터 한때 친일을 했지만 반성하고 독립운동에 나선 사람(전협), 3·1운동의 한복판에 있던 젊은이들까지 다양한 이들이 모인 비밀 조직이었습니다.

대동단은 새 나라는 '균등 사회'여야 한다고 못 박았습니다. 요즘 말로 하면, '평등 사회'였지요. 대동단의 문서를 보면, 이런 낯선 표현도 있습니다.

'사회주의를 철저히 시행한다.'

'사회주의'란 정치뿐만 아니라 경제에서도 평등을 실현하자는 사상입니다. 정치만이 아니라 경제도 모든 사람이 동등하게 함께 참여해 결정해야 한다는 생각입니다. 그러려면 부를 골고루 나눠야 하지요. 서로 경쟁하기보다는 협력해야 하고요. 대동단은 서양에서 민주 혁명과 함께 성장한 이 사회주의 사상을 받아들였습니다.

공자의 이상, '대동 세상'을 되살리다

대동단이 서양의 사회주의 사상을 얼마나 깊이 받아들였는지는 알 수 없습니다. 남아 있는 대동단의 문서들이 적기 때문이지요. 하지만 '대동단'이라는 이름을 뜯어보면, 대동단이 어떤 큰 꿈을 품고 있었는지 충분히 짐작할 수 있습니다.

'대동(大同)'은 한자로 '모두가 어울려 하나 된다'는 뜻입니다. 중국의 대사상가 공자가 처음 쓴 말입니다. 유학 경전 중 하나인 〈예기〉에서 공자는 인류가 실현해야 할 최고의 이상이 '대동 세상'이라고 말했습니다. 공자의 가르침을 풀어쓰면, 다음과 같습니다.

대동 세상에서는 자기 부모만 부모로 섬기지 않고 자기 자식만 자식으로 사랑하지 않는다. 늙어도 편히 살 수 있고, 일할 능력이 있는 사람들에게는 일자리를 주며, 어린이에게는 늘 보살펴 주는 손길이 있다. 병든 이들도 정성껏 돌봐 준다. 물건을 낭비하지 않고 내 것, 남의 것 따지지 않는다. 그러다 보니 도둑이 없어서 문을 닫아거는 일도 없다.

공자의 사상에도 평등한 세상의 큰 꿈이 담겨 있었던 것입니다. 그러나 조선 시대 양반들은 공자의 가르침을 따른다고 하면서도 정작 이런 꿈은 못 본 척했습니다. 그러면서 유학을 양반들 입맛에 맞게 써먹었습니다.

반면 대동단은 잊혔던 공자의 꿈을 되살렸습니다. 대동 세상을 꿈꾸고 이름도 '대동단'이라 지었습니다. 일본 침략자들을 몰아낸 뒤에 옛 조선으로 돌아가서 부자, 권력자들의 나라를 세우는 게 아니라 대동 세상을 열려고 한 것입니다.

대동단만 그렇게 생각한 게 아니었습니다. 이 시대의 많은 이들이 같은 꿈을 꾸기 시작했습니다. 3·1운동 이후 평등한 세상에 대한 꿈이 수많은 민중에게 아주 빠르게 퍼져 나갔습니다.

빠르게 퍼진
새로운 평등사상

노동 운동, 농민 운동의 등장

    1926년 대한제국의 마지막 황제 순종이 사망했습니다. 고종의 아들인 순종은 일본이 고종을 강제로 쫓아낸 뒤에 몇 년 동안 이름뿐인 황제 자리에 앉아 있었습니다. 그러다 1910년에 나라를 빼앗기는 수모를 당했습니다. 그런 순종이 고종이 죽은 지 7년 만에 세상을 뜬 것입니다.

    일본 경찰은 고종 장례식 때 3·1운동이 일어났기 때문에 순종 장례식을 앞두고 긴장하지 않을 수 없었습니다. 아니나 다를까 장례식 날인 6월 10일, 서울 거리에 학생들이 몰려나와 "대한 독립 만세!"를 외쳤고, 다른 시민들도 함께했습니다. 일본 경찰이 워낙 철저하게 막았기에 3·1운동만큼 커지지는 못했지만, 3·1운동의 기억을 되살린 뜻깊은 항쟁이었습니다. 역사책은 이날의 시위를 '6·10 만세 운동'이라 기록합니다.

그런데 이번에는 3·1운동 때와 좀 달랐습니다. 사람들은 태극기

6·10 만세 운동 중 일본 경찰이 군중을 진압하고 있다.

만이 아니라 또 다른 깃발도 흔들었습니다. 한 손에는 태극기를 들고, 다른 손에는 붉은 깃발을 들었습니다. "독립 만세!"만 외치는 것이 아니었습니다. "일본인 공장에서 총파업을 벌이자!"나 "모든 조선인에게 무상 교육을 하여라!"는 구호도 있었습니다. 무상 교육은 국가의 지원으로 학생들이 돈 걱정 없이 학교에 다니는 제도를 말합니다. 불과 7년 만에 독립운동에 커다란 변화가 나타난 것입니다.

지주와 소작농의 오래된 불평등

일제 강점기에 우리 할아버지, 할머니들은 조선 시대에 살던 조상들보다 더 불평등한 세상을 살아야 했습니다. 과거의 불평등은 그대로 이어지면서 동시에 새로운 불평등까지 나타났기 때문이었습니다.

양반들은 나라가 없어졌다고 해서 별로 아쉬울 게 없었습니다. 물론 이제는 과거 시험을 봐서 관리가 될 수는 없었습니다. 그래서 '양반'이라는 이름은 어울리지 않게 됐지요.

그러나 양반 집안들은 여전히 많은 땅을 갖고 있었습니다. 이 땅에서 농사를 짓는 건 농민들이었지만, 해마다 추수가 끝나면 '소작료'라고 하여 곡식의 절반 이상을 땅 주인인 양반들이 걷어 갔습니다. 이걸 '소작 제도'라고 합니다. 양반들은 놀고먹으면서 소작료를 받아 가는 '지주'였고, 이들이 가진 넓은 땅을 일구는 농민들은 '소작농'이었습니다.

일제 강점기에 우리 할아버지, 할머니들은 대부분 소작농이었습니다. 소작농은 일본 정부에 세금도 내고 지주에게는 소작료도 내느라 허리가 휘어졌지요. 이렇게 조선 시대에 양반과 평민, 천민을 가르던 두꺼운 장벽이 일제 강점기에도 고스란히 이어졌습니다.

새로 등장한 자본가와 노동자의 불평등

여기에 더해 전에는 없던 불평등까지 생겼습니다. 20세기에 들어서면서 우리나라에도 공장이 하나둘 생겼습니다. 공장에서는 기계를 사용해 옷감이나 고무신 같은 상품을 만들었습니다. 서양에서는 이미 100년 전부터 시작된 일이었습니다.

그런데 공장 안에는 처음부터 두 무리의 사람들이 있었습니다. 한쪽에는 맨 처음 돈을 들여 공장을 만든 사람들이 있었습니다. 이들은 소수였고, 대개 전부터 부자인 사람들이었습니다. 다른 쪽에는 기계를 돌려 물건을 만드는 사람들이 있었습니다. 다수가 이쪽이었고, 모두 가난한 이들이었습니다.

어떻게 보면 둘 다 공장을 만들고 움직이는 데 제 몫을 하는 사람들입니다. 그렇다면 물건을 팔아서 생긴 이익도 함께 나눠야 맞겠지요. 그러나 그렇지가 않았습니다. 공장을 처음 만든 사람들은 공장이 제 것이라며 이익을 독차지했습니다. 반면 공장에서 일하는 다수의 사람에게는 굶어 죽지 않을 만큼만 돈을 주고(보통 '임금'이라 하지요) 계속 일을 시켰습니다.

일하는 사람들은 그 돈이라도 없으면 당장 입에 풀칠도 못 하는 처지였습니다. 그러니 꾹 참고 공장 일을 계속할 수밖에 없었습니다. 도시에 사는 사람들은 소작농들처럼 땅을 빌려 농사를 지을 수도 없었으니까요.

공장을 만든 소수의 사람을 흔히 '자본가'라고 하고, 공장에서 일하는 다수의 사람을 '노동자'라고 부릅니다. 공장이 늘어날수록 몇 안 되는 자본가가 대다수 노동자의 운명을 결정하는 세상이 됐습니다. 이런 세상을 '자본주의'라고 합니다.

일제 강점기에 우리나라도 자본주의 사회로 바뀌고 있었습니다. 농촌은 여전히 옛날 양반의 후손인 지주들 세상이었지만, 도시는 자본가들의 세상이었습니다. 도시에 자본주의가 싹튼 것이지요. 농촌에서는 소작농들이 불평등으로 고통받고 있는데, 도시에서는 새롭게 노동자들의 불평등 문제가 나타났습니다.

3·1운동을 경험한 노동자, 농민이 단결하다

먼저 자본주의가 시작된 나라들에서는 노동자들이 불평등에 맞서려고 노동 운동을 시작했습니다. 노동자 한 사람, 한 사람은 자본가에 비해 힘이 약했습니다. 하지만 노동자는 자본가보다 수가 많았습니다.

수많은 노동자가 함께 힘을 모으면 자본가도 두려워할 수밖에

1920년대 공장에서 일하고 있는 여성들 | 이 시절 노동자들의 임금은 매우 적었다.

없었습니다. 그래서 노동자들은 서로 경쟁하는 대신 협력하려고 노력했습니다. 단결해서 조직을 만들었습니다. 그렇게 해서 만든 조직이 노동조합이었습니다.

　노동조합이 자본가를 두렵게 하는 방법은 파업이었습니다. 노동자들이 뜻을 함께 모아 동시에 일손을 놓으면 공장이 멈췄습니다. 그러면 자본가는 상품을 만들지 못해서 손해를 보았습니다. 노동자들이 한 사람도 흔들리지 않고 계속 일손을 놓으면 자본가도 항복하지 않을 수 없었습니다. 이게 바로 '파업'입니다. 노동조합은 파업을 무기로 노동자의 임금도 올리고 일자리도 지켰습니다.

　노동자가 된 우리 할아버지, 할머니들도 노동 운동을 시작했습니다. 3·1운동을 경험한 노동자들은 조직을 만들고 시위나 파업에 나서는 걸 두려워하지 않았습니다. 다른 나라 노동자들처럼 노동조합을 만들었고, 전국의 모든 노동조합이 한데 모인 총연맹도 만들었습니다.

농민들도 노동 운동을 보고 배워서 농민 조합을 만들고 농민 운동을 벌였습니다. 지주들에게 소작료를 내리라고 요구하며 싸웠습니다.

일제 강점기에 자본가들은 대다수가 일본인이었습니다. 넓은 땅을 소유한 대지주 중에도 일본인이 많았습니다. 그래서 자본가, 지주에 맞선 노동 운동, 농민 운동은 일본에 맞서는 독립운동이기도 했습니다. 3·1운동 이후 이렇게 독립운동은 몇몇 독립운동가만이 아니라 다수 민중이 함께하는 운동이 됐습니다.

붉은 깃발의 이유

노동 운동, 농민 운동을 경험한 사람들은 새로운 사상인 사회주의를 열심히 받아들였습니다. 자본가와 노동자의 구별, 지주와 소작농의 구별을 없애자는 사회주의의 내용에 크게 공감했기 때문입니다.

이 새로운 평등사상에서 새 나라 건설의 방향을 찾았습니다. 그래서 사회주의는 순식간에 독립운동의 중요한 사상 중 하나가 됐습니다. 많은 독립운동가가 사회주의자였고, 사회주의자들은 가장 열정적인 독립운동가이기도 했습니다.

 6·10 만세 운동 때 태극기와 더불어 붉은 깃발이 거리를 수놓은 것도 이런 이유 때문이었습니다. 붉은색은 세계 곳곳에서 사회주의나 노동 운동을 뜻하는 색깔입니다. 그래서 노동자와 가난한 이들의 집회나 시위에서는 흔히 붉은 깃발이 나부끼곤 합니다. 한국 사회도 1920년대부터는 예외가 아니었습니다. 1926년 6월 10일 서울 거리를 행진한 학생, 시민들은 붉은색 깃발을 흔들며 '독립'과 함께 '평등'을 소리 높여 외쳤습니다.

청소년도 정치의 당당한 주인공

광주 학생 운동

독립운동의 역사를 보면, 정말 놀라운 이야기가 많습니다. 그중 하나가 바로 10대 소년, 소녀들이 새 나라를 세우려고 온몸 바쳐 싸웠다는 사실입니다. 유관순 열사를 생각해 보세요. 3·1운동에 뛰어들었을 때 유관순의 나이는 17살이었습니다. 지금으로 치면, 고등학교 2학년이었습니다. 그런데도 일본군의 총칼에 당당히 맞서다 18살 꽃다운 나이에 목숨을 잃었습니다.

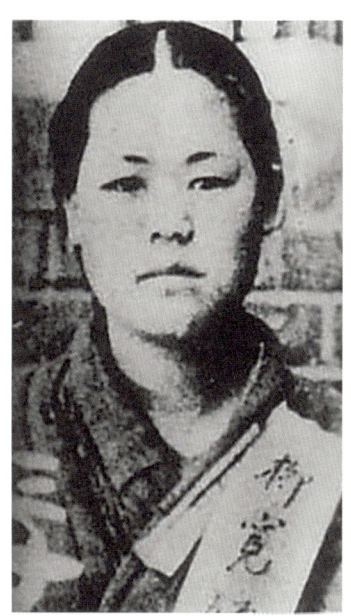

유관순의 사진 | 1920년 서대문 형무소에서 찍힌 것으로 추정된다.

유관순 열사 말고도 수많은 10대 남녀 학생들이 3·1운동에 참여했습니다. 당시 독립운동에 나섰던 학생들은 40대 어른이 되어 해방을 맞았고 새 나라를 이끄는 지도자가 됐습니다. 이렇듯 청소년 시절부터 정치에 깊은 관심을 가지며 새 시대의 주역으로 성장하는 게 우리나라 현대 역사의 전통입니다.

3·1운동 다음으로 큰 항쟁이었던 광주 학생 독립운동

아예 10대 학생들이 주인공이었던 항쟁도 있었습니다. 광주에서 시작돼서 '광주 학생 독립운동'이라고 불리는 사건입니다. 광주 학생 운동은 일제 강점기를 통틀어 3·1운동 다음으로 크고 치열한 항쟁이었습니다. 이름에도 드러나듯이 중·고등학생들이 주역이었고요.

일제 강점기에는 일본인이 다니는 학교가 따로 있고 한국인이 다니는 학교가 따로 있었습니다. 일본인 학교는 대접도 좋고 시설도 훌륭했지만, 한국인 학교는 그렇지 못했습니다. 또한, 일본인 학생들은 어른들을 따라서 한국인 학생들을 깔보았습니다. 또 한국인 학교에서 한국인이 바라는 내용을 가르친 것도 아니었습니다. 일본인 교사가 많았고, 한국인 교사가 가르치더라도 일본이 원하는 내용만 가르쳐야 했습니다. 한국인의 말과 글, 역사를 제대로 가르치지 못했습니다.

이런 교육 차별과 억압 때문에 학생들 사이에 불만이 끓어오르지 않을 수 없었습니다. 1929년 10월 30일, 전라남도 나주에서 여기에 기름을 붓는 사건이 일어났습니다. 전라남도에서 가장 큰 도시는 광주였고, 학교도 광주에 몰려 있었습니다. 그래서 나주의 중·고등학생들은 기차를 타고 광주로 통학했습니다. 그중에는 일본인 학교에 다니는 일본인 학생들도 있었고, 한국인 학교에 다니는 한국인 학생들도 있었습니다. 물론 남학생도 있었고, 여학생도 있었습니다.

그런데 일본인 남학생들이 한국인 여학생 박기옥과 친구들을 괴롭혔습니다. 길게 땋은 머리를 잡아당기며 못살게 굴었습니다. 박기옥의 남자 사촌 동생 박준

박기옥과 친구 | 광주 학생 운동이 벌어지기 직전 일본인 남학생들에게 괴롭힘을 당했다.

박준채 | 여학생들을 괴롭히는 일본 학생들과 싸웠다.

채도 학교에 가려고 기차를 기다리고 있다가, 이 광경을 보았습니다. 분노한 박준채는 행패 부리는 일본인 학생들에게 무작정 달려들었습니다. 박준채가 일본인 학생 여럿에게 얻어맞자 기차역의 다른 한국인 학생들도 싸움에 뛰어들었습니다. 수십 명의 일본인 학생과 한국인 학생 사이에 집단 난투극이 벌어졌습니다. 그러자 일본 경찰이 달려왔습니다. 일본 경찰은 못된 일본인 학생들은 그대로 둔 채 한국인 학생들만

혼냈습니다.

광주의 모든 한국인 학교들에 이 소식이 퍼졌습니다. 여학교, 남학교 가릴 것 없이 분노로 들끓었습니다. 게다가 일본 신문이 마치 한국인 학생들이 먼저 행패를 부린 것처럼 보도하자 더 참을 수 없었습니다. 나주역 사건이 있고 나흘 뒤인 11월 3일, 우리 학생들은 무리 지어 신문사를 찾아갔습니다.

바로 이때 일본인 학생 패거리들이 칼을 휘두르며 한국인 학생들을 공격했습니다. 이제는 분노를 걷잡을 수 없었습니다. 몇 시간 만에 3만 명이 넘는 학생과 시민들이 광주 거리로 몰려나와 "일제 타도!", "독립 만세!"를 외쳤습니다. 이것이 광주 학생 운동의 시작이었습니다.

온 나라의 중·고등학생이 들고일어나다

11월 3일 시위는 단지 시작일 뿐이었습니다. 11월 내내 광주의 모든 학교가 들썩였습니다. 학생들은 학교 담장 안과 밖을 가리지 않고 시위를 벌였습니다. 동맹 휴학도 했습니다. 노동자들이 힘을 모아 목소리를 내는 수단이 파업이라면, 학생들에게는 동맹 휴학이 그런 수단이었습니다. 학생들은 다 함께 수업에 들어가지 않고

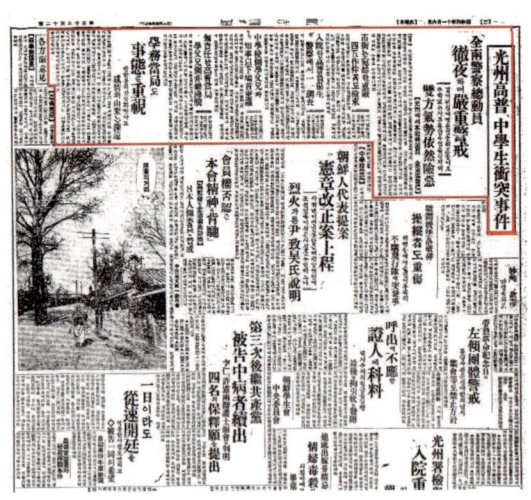

1929년 11월 6일 자 동아일보 | 광주 학생 운동 관련 기사

운동장이나 강당에 모여 외쳤습니다.

"일본 제국주의를 타도하자!"

"조선 민족 해방 만세!"

당황한 일본 경찰은 학생들을 마구잡이로 잡아갔습니다. 교실이 텅텅 빌 정도였습니다. 잡혀간 학생들은 무기정학이나 퇴학 처분을 당했습니다. 광주에서 터져 나온 분노는 이렇게 한 달 만에 짓밟히는 듯 보였습니다.

그러나 이게 끝이 아니었습니다. 이 무렵 국내에서는 신간회가 활동하고 있었습니다. 신간회는 민족주의자, 사회주의자 가릴 것 없이 여러 성향의 독립운동가들이 모여 만든 국내 최대 항일 운동 단체였습니다. 신문에는 광주 소식이 거의 실리지 않았습니다. 보도하고 싶어도 일본 정부가 가로막았습니다. 하지만 신간회가 신문들 대신 광주 소식을 전국 방방곡곡에 알렸습니다.

이 소식을 들은 전국의 학생들은 광주에서 그랬던 것처럼 들고

일어났습니다. 12월에 서울 시내 여러 학교에서 학생들이 시위에 나섰습니다. 12월 중순까지 1만 명 넘는 학생들이 동맹 휴학에 참여했고, 1,400여 명이 경찰에 잡혀갔습니다.

서울만이 아니었습니다. 다음 해 3월까지 전국 300개 넘는 학교에서 학생들이 항쟁에 동참했습니다. 국내뿐만 아니라 만주의 한국인 학교들에서도 만세 시위가 일어났습니다. 일본 경찰이 치밀하게 탄압했지만, 학생들의 투쟁을 막을 수는 없었습니다.

학생 운동의 씨앗, 독서회

학생들은 단지 일본 학생 깡패들 때문에 분을 못 이겨 뛰쳐나온 것만은 아니었습니다. 만약 그랬다면, 거의 반년에 걸쳐 그토록 많은 학생이 항쟁을 이어 가지는 못했을 겁니다.

이 무렵 웬만한 학교에는 다 독서회가 있었습니다. 이 시대 학생들은 입시 공부에만 매달리거나 노는 데만 시간을 보내지 않았습니다. 모임을 만들어서 함께 책을 읽고 토론했습니다. 일본 침략자들의 감시를 받는 수업에서는 세상의 이치와 현실을 제대로 배울 수 없었으니까요. 독서회 활동을 한 학생 중 많은 이들이 졸업 후에 독립운동에 뛰어들었습니다. 이런 선배들은 학교를 떠난 뒤에도 모교의 독서회 후배들과 계속 만나며 새 나라의 꿈을 함께 꾸었습니다.

독서회가 있었기 때문에 나주역 사건이 벌어지자마자 광주의 중·고등학생들이 질서 정연하게 움직일 수 있었던 것입니다. 예를 들어 광주고등보통학교에는 성진회라는 비밀 독서회가 있었습니다. '성진'은 '깨어서 앞으로 나아간다'라는 뜻의 한문이었습니다. 일본 학생 깡패들이 칼을 휘두르자 격분해서 보복 공격을 하자는 학생들도 있었습니다. 하지만 성진회 출신 선배들은 후배들을 타일렀습니다.

"우리의 적은 어리석은 일본인 학생들이 아니라 일본 제국이다. 지금 해야 할 일은 패싸움이 아니다. 동맹 휴학과 시위에 나서서 제2의 3·1운동을 만들어야 한다."

광주고등보통학교뿐만 아니라 다른 많은 학교에서도 독서회 선후배들이 투쟁을 이끌었습니다. 이처럼 오랫동안 준비해 왔기에 전국적인 학생 운동이 일어날 수 있었던 것입니다. 지금으로부터 100년 전의 중·고등학생들은 나라를 빼앗긴 상황에서도 이렇게 어엿한 한 시민으로 행동했습니다. 스스로 공부하고 실천하는 세상의 주인이었습니다.

청소년이 정치의 주인공이 되는 것이 우리의 전통

요즘 우리나라에는 중·고등학생은 정치와 상관없다고 여기는 사람들이 많습니다. 10대가 공부나 해야지 무슨 정치냐고들 합니다. 그럼 다른 나라는 어떨까요? 우리나라처럼 19살이 돼야 투표를 할 수 있는 나라는 거의 없습니다. 대부분의 나라는 18살이 되면, 그러니까 고등학교 3학년만 되면 투표를 할 수 있습니다. 요즘은 아예 16살부터 투표권을 갖게 하자는 목소리가 높습니다.

투표만이 아닙니다. 대부분의 나라에서는 중학생만 되면 정당에 가입할 수 있습니다. 10대 청소년이 직접 정치 활동에 참여할 수 있고, 이때부터 벌써 정치인이 되는 훈련을 받을 수 있습니다. 그래서 다른 나라에는 20대 국회의원, 30대 장관들도 많습니다. 나라를 이끌고 가기에는 너무 젊지 않으냐고요? 아닙니다. 10대 시절부터 정당에 가입해 활동한 사람들이니까 오히려 한국의 나이 든 정치인들보다 경험도 많고 능력도 더 뛰어납니다.

이게 제대로 된 민주주의 아닐까요? 이 책을 읽는 여러분도 정치의 주인공이어야 이것이 진짜 민주주의라 할 수 있지 않을까요? 100년 전에 10대였던 우리 할아버지, 할머니는 정치의 주인공이었습니다. 독립운동의 기둥이었습니다. 이게 바로 우리의 전통입니다. 되살려야 할 우리의 자랑스러운 전통이지요.

세상의 절반이 깨어나다

여성 운동

　인류 역사에서 가장 오랫동안 차별받은 사람들은 누구일까요? 바로 여성입니다. 동서양을 막론하고 여성은 어디서나 남성에게 차별받고 억압당했습니다.

　인류의 절반은 여성입니다. 다르게 말하면 여성은 세상의 절반입니다. 그런데 세상의 절반이 수천 년 동안 그늘 속에 살아온 것입니다. 이게 잘못임을 깨닫기 시작한 지는 얼마 안 되었습니다. 민주주의 혁명이 처음 일어날 때만 해도 사람들은 '형제들의 평등'만 이야기했지 '자매들의 평등'은 생각하지도 못했습니다. 여성도 혁명 대열에 참여해서 목소리를 높이고 나서야 사람들은 이제까지 역사가 크게 잘못됐다는 사실을 깨달았습니다.

아니, 아직 깨닫지 못한 사람들도 많습니다. 그래서 여성 운동은 지금도 치열하게 계속되고 있습니다.

독립운동은 여성 운동과 함께해야 한다 - 근우회

조선 시대에는 여성 차별과 억압이 특히 심했습니다. 갑오년 농민 혁명군이 조정에 요구한 개혁 과제 중에는 '젊은 과부가 다시 결혼할 수 있게 하라'는 것도 있었습니다. 당시에 과부는 재혼해서 새로운 삶을 살 수 없었던 것입니다. 반대로 남자는 부인이 죽어도 자유롭게 재혼할 수 있었지요. 이처럼 조선은 남성과 여성이 불평등한 사회였습니다.

20세기에 들어서면서 변화의 조짐이 나타났습니다. 신식 학교가 생기면서 남성뿐만 아니라 여성에게도 교육받을 기회가 열렸습니다. 많은 여성이 여학교에 들어가 '신여성'으로 거듭났습니다. 신여성은 낡은 사고방식과 관습으로부터 자유로운 여성을 뜻했습니다. 이화학당에 다니다 3·1운동에 뛰어든 유관순 열사도 바로 이런 새 시대 여성 중 한 명이었습니다.

3·1운동 이후 신여성은 독립운동에서도 커다란 한줄기를 이루었습니다. 앞에서 국내 최대 항일 운동 단체였던 신간회를 소개했

습니다. 그런데 신간회에는 자매 조직이 있었습니다. 근우회였습니다. '근(槿)'은 무궁화를 뜻하는 한자입니다. '근우회'는 '무궁화 친구들의 모임'이라는 뜻이지요. 무궁화 친구들은 무궁화 나라, 즉 한민족의 나라를 새로 세우려는 신여성들이었습니다. 근우회는 여성들이 따로 만든 커다란 항일 운동 단체였습니다.

　신간회와 마찬가지로 근우회에도 민족주의자와 사회주의자가 섞여 있었습니다. 그들은 독립운동과 여성 운동을 함께 추진해야 한다는 데 뜻을 같이했습니다.

새 나라의 절반은 여성입니다. 따라서 자유롭고 평등한 새 나라를 세우고 싶다면, 그 절반인 여성이 반드시 억압과 불평등에서 해방되어야 합니다. 그러니 여성 운동 없이는 제대로 된 독립운동이라 할 수 없었습니다.

근우회는 전국 곳곳에서 강연회를 열어 여성들을 일깨웠습니다. 또한, 학교에 다니지 못하는 가난한 여성들을 위해 한글을 가르치는 야학(낮에 일하고 밤에 모여 공부한다고 해서 '야학'이라 불렀습니다)을 열었습니다. 광주 학생 운동의 출발점이 된 나주역 사건이 일어났을 때는 근우회가 신간회보다 더 먼저 앞장서서 이 사건을 널리 알렸습니다. 근우회는 이 사건이 한국 여성 전체에 대한 일본의 폭력이 드러난 사례라고 보고 치열하게 투쟁했습니다.

기생에서 혁명가로 - 정칠성

근우회 지도자 중에 정칠성이라는 인물이 있었습니다. 정칠성은 어렸을 적에 기생이었습니다. 조선 시대에 기생은 음악과 무용을 직업으로 하는 여성이었습니다. 요즘 눈으로 보면, 아이돌 스타 같은 재주 많은 젊은 여성이었습니다. 그러나 양반이나 부자 남성은 기생을 노리갯감으로 여겼습니다. 천민 취급을 한 것이지요. 기생은 노

1930년경 촬영된 기생 학교 | 기생들은 일제 강점기에 천민 취급을 당했으나, 이들 중에는 만세 시위에 동참하여 누구보다 앞장서 독립운동을 한 기생들도 있었다.

비나 백정과 마찬가지로 사람대접을 받지 못했습니다.

정칠성은 이런 기생 출신이었습니다. 기생 때 이름은 '금죽'('아름다운 대나무'라는 뜻)이었고, 꽤 인기도 있었습니다. 그러나 금죽은 운명에 갇히길 거부했습니다.

금죽은 3·1운동에서 큰 영향을 받았습니다. 3·1운동 때 기생들도 만세 시위에 동참했는데, 그중에 금죽도 있었습니다. 일본 경찰에 맞서 "독립 만세!"를 외치면서 금죽은 새로운 삶을 살아 보자는 용기를 얻었습니다. 나중에 정칠성은 이때 자신이 "기름에 젖은 머리(기생 머리)를 탁 벗어 던지고 독립운동가가 됐다."라고 이야기했습니다.

금죽은 이제 정칠성이라는 이름을 쓰며 새 사상을 공부하고 여성 잡지에 글을 썼습니다. 일본을 거쳐 미국으로 유학을 가려고 영어를 배우기도 했습니다. 비록 여학교를 다니지는 못했지만, 정칠성은 이미 박식한 신여성이었습니다. 여러 여성 단체를 이끌다 근우회를 만드는 데 앞장섰고, 여성 중에서도 일하는 가난한 여성의 해방을 중요시하는 사회주의를 받아들였습니다.

때로는 여성들 가운데에도 정칠성이 기생 출신이라고 수군대는 사람들이 있었습니다. 그러나 정칠성은 주눅 들지 않았습니다. 스스로 차별의 굴레를 박차고 나와 이제는 민족 독립과 여성 해방을 위해 싸우는 한 명의 혁명가였기 때문이었습니다. 제2차 세계 대전이 일어나 일제의 탄압이 극심해지면서 많은 독립운동가가 일본의 꾐에 넘어갈 때도 정칠성은 꿋꿋이 버티며 해방의 그 날을 기다렸습니다.

을밀대 지붕 위에서 세상에 맞서다 – 강주룡

정칠성의 이야기에서 우리는 여학교를 나온 지식인만 여성 운동에 나선 게 아니라는 사실을 알 수 있습니다. 여성 운동을 했던 사람들 중에는 지식인이 아닌 사람도 많았습니다.

여성 중에서도 특히 힘든 삶을 산 것은 여성 노동자들이었습니다. 여성 노동자들은 남성과 여성의 차별뿐만 아니라 자본가와 노동자의 불평등으로도 고통받았습니다. 물론 일본 침략자들의 폭력까지 겪어야 했지요. 그래서 일제 강점기 당시 여성 노동자들의 투쟁은 이 시대에 가장 힘들면서도 중요한 여성 운동일 수밖에 없었습니다.

강주룡도 이 어려운 투쟁에 나선 이들 가운데 한 사람이었습니다. 강주룡은 젊은 나이에 남편과 함께 만주에서 독립운동을 했습니다. 그런데 남편이 그만 병에 걸려 죽고 말았습니다. 딸린 식구는 여럿인데, 먹고살 길이 막막했습니다. 그래서 국내로 돌아와 평양에 있는 고무 공장에 취직했습니다.

이제 살길이 열리나 보다 했지만, 고무 공장은 지옥이었습니다. 하루 12시간 넘게 일을 시키고 한국인 노동자들에게는 일본인 노동자 임금의 4분의 1만 주었습니다. 그마저도 이런저런 핑계로 벌금을 떼어 갔습니다. 어떨 때는 벌금이 임금보다 더 많을 때도 있었습니다. 여기에 더해 회사 사정이 안 좋아지자 한국인 노동자들부터 임금을 깎고 해고하기 시작했지요.

참다못한 노동자들이 파업을 시작했습니다. 고무 공장 노동자들은 강주룡처럼 대부분 여성이었습니다. 강주룡과 동지들은 파업으로도 말이 안 통하자 단식 투쟁에 나섰습니다. 노동자들의 요구를 들어줄 때까지 밥을 굶기로 하고 공장 앞에 버티고 앉았습니다. 하지만 일본 경찰의 방해로 단식 투쟁도 하기 힘들어졌습니다.

그러자 강주룡은 묵묵히 을밀대로 갔습니다. 을밀대는 평양의 이름난 큰 정자(풍경을 즐기기 좋게 만들어 놓은 옛집)입니다. 평양 사람들이 즐겨 소풍 가는 곳이었지요. 강주룡은 을밀대의 높은 지붕 위로 올라갔습니다. 처음에는 억울한 마음에 몸을 던질까도 생각했지만, 마음을 고쳐먹었습니다. 강주룡은 을밀대에 모여든 사람들에게 여성 노동자들의 사정을 힘주어 이야기했습니다. 일본 경찰도 출동했지만, 강주룡은 9시간 넘게 지붕 위에서 버티며 연설을 계속했습니다.

요즘도 자본가에 맞서다가 벽에 부딪힌 노동자들이 최후 수단으로 높은 굴뚝이나 철탑에 올라가곤 합니다. 바람이 쌩쌩 부는

그 아찔한 곳에서 며칠, 몇 달씩을 버티며 세상 사람들에게 잘못된 현실을 알립니다. 이것을 흔히 '고공 농성'이라 부릅니다. 강주룡은 우리나라에서 최초로 고공 농성을 한 노동자였습니다.

수천 년 된 여성 억압의 역사를 허물어뜨린 힘

강주룡은 결국 강제로 끌려 내려왔습니다. 경찰서에 갇혔고, 다시 단식 투쟁을 벌였습니다. 안타깝게도 강주룡은 이때 건강을 잃고 두 달 만에 목숨을 잃었습니다. 하지만 강주룡은 세상을 떠났어도, 을밀대에 버티고 앉은 한 여성 노동자의 사진은 세상에 널리 퍼졌습니다. 이로 인해 고무 공장 노동자들의 파업은 승리했습니다. 임금은 예전으로 돌아왔고, 해고도 막아냈습니다.

슬픈 이야기입니다. 그러나 슬프기만 한 이야기는 아닙니다. 수많은 '정칠성', '강주룡'들이 있었기에 수천 년 된 여성 억압과 차별의 역사도 마침내 허물어지고 있습니다. 그들이 불의에 굴복하길 단호히 거부했기에 오늘날 여성들은 그들보다 앞선 곳에서 한 걸음 더 나아가고 있습니다.

민주주의를 위한
한국·중국·일본 민중 공동의 싸움

제국주의에 함께 맞선 일본인들

1930년대, 일본은 기어이 큰 전쟁을 일으켰습니다. 한반도로 만족하지 못하고 만주로 쳐들어가서 중국과 맞붙었습니다. 1941년에는 미국 하와이의 진주만 해군 기지를 공습해서 전쟁을 태평양으로까지 확대했습니다.

이때 유럽에서는 독일, 이탈리아와 영국, 프랑스, 소련 등이 싸우고 있었습니다. 당시 독일은 독재자 아돌프 히틀러의 손아귀에 있었습니다. 독일은 민주주의 국가들을 모두 짓밟고 독재 제국을 건설하려고 했습니다. 아시아, 태평양에서는 독일과 손잡은 일본이 침략 전쟁을 펼쳤습니다. 세계 정복을 꿈꾸는 독일, 일본과 나머지 나라들이 벌인 이 전쟁을 '제2차 세계 대전'이라고 합니다.

중국과 함께 제2차 세계 대전 막판까지 일본군에 맞서 싸우다

이때 독립운동가들은 중국과 손잡고 일본군에 맞서 싸웠습니다. 중국에는 두 개의 군대가 있었습니다. 하나는 국민당 정부의 군대였고, 다른 하나는 공산당 군대였습니다('홍군'이라고 불렸습니다). 중국에 있던 독립운동가들은 둘 모두와 손잡고 제2차 세계 대전 막판까지 손에서 총을 놓지 않았습니다.

상하이에 있던 대한민국 임시 정부는 국민당 정부와 함께 충칭으로 이동한 뒤에 광복군을 조직했습니다. 광복군은 일본군에 맞

한국광복군 성립 단체 기념사진 | 1940년 9월 17일 충칭의 대한민국 임시 정부 청사에서 창설되었다.

서 싸우는 연합군의 한 부대가 돼 국내에 상륙하기 위해 열심히 훈련을 받았습니다.

중국 북쪽 지방에서는 사회주의자들이 따로 조선 독립 동맹이라는 조직을 만들었습니다. 독립 동맹이 지휘한 독립군 부대는 이름이 조선 의용군이었습니다. 조선 의용군은 홍군과 연합해서 일본군이 항복하는 그 날까지 계속 전투를 벌였습니다.

이렇게 한국의 독립투사들은 중국 민중과 한편이 돼 일본군과 싸웠습니다. 독립운동은 우리만의 외로운 투쟁이 아니었던 것입니다. 일본 제국주의에 맞서 싸우는 모든 나라, 민족들과 함께했습니다. 또한 독립운동은 우리 민족의 새 나라를 건설하는 투쟁만은 아니었습니다. 최종 목표는 아시아 전체, 아니 온 세계에 민족 독립과 민주주의, 평등과 평화를 실현하는 것이었습니다.

안중근 의사를 동지로 생각한 일본인 - 고토쿠 슈스이

그런데 독립운동가들과 굳게 연대한 동지 중에는 일본인도 있었습니다. 여러분, 안중근 의사는 다들 알고 있지요? 1909년에 안중근 의사가 일본 정치가 이토 히로부미를 처단하자 한 일본인이 한시 한 편을 썼습니다. 한시는 한자로 쓴 시이지만, 읽기 쉽게 우리말로 옮겨 보겠습니다.

목숨을 버리고 정의를 얻었네.
몸을 죽이고 사람다운 삶을 이루었네.
안중근 의사여, 그대의 총 한 발에
온 세상이 모두 감동해 떨었소.

정말 감동해서 부르르 떠는 모습이 느껴지지 않습니까? 이 시를 지은 이는 일본의 혁명가 고토쿠 슈스이입니다. 일본인이라면 다들 이토 히로부미의 죽음에 분노했을 것으로 생각하기 쉽습니다. 하지만 고토쿠 슈스이는 정반대였습니다. 오히려 정의가 실현됐다며 기뻐했습니다.

고토쿠 슈스이 | 고토쿠 슈스이는 일본인임에도 불구하고 일본 정부와 천황에게 비판적이었다.

일본의 가난한 민중과 조선 민중은 같은 편

그 시절 일본은 서양을 철저히 따라 배우려 했습니다. 만물은 서로 경쟁한다는 서양 사람들의 생각을 진리로 떠받들었습니다. 경쟁에서 이긴 강한 자가 패배한 약한 자들을 지배하는 건 당연하다고 생각했습니다.

그래서 일본 안에서는 서양과 똑같이 소수의 부자가 노동자, 농민을 쥐어짜서 더욱 부자가 되어 갔습니다. 그리고 일본 바깥으로는 한반도, 만주, 중국을 차례로 침략했습니다. 힘이 약한 나라는 강한 나라의 지배를 받아야 한다고 떠들면서 말이지요.

그러나 고토쿠 슈스이는 그렇게 생각하지 않았습니다. 경쟁이 아니라 협동과 단결만이 사람다운 세상을 만들어 준다고 믿었습니다. 일본의 다른 많은 사람이 서양의 부자, 권력자들을 닮으려고 애쓸 때, 고토쿠 슈스이는 그런 부자, 권력자들에 맞서는 노동 운동이 일본에도 필요하다고 생각했습니다. 그래서 노동조합을 꾸리고 노동자 정당을 만드는 일에 앞장섰습니다. 고토쿠 슈스이는 일본 최초의 사회주의자 중 한 사람이었습니다.

더 나아가서 고토쿠 슈스이는 일본 안에서만 노동 운동을 벌인다고 좋은 세상이 열리지 않는다고 믿었습니다. 일본의 가난한 민중은 한국, 중국 민중과 힘을 합쳐서 침략과 전쟁을 뿌리 뽑아야 한다고 주장했습니다. 그래서 아시아의 평화를 위해 침략자를 저격한 안중근 의사를 동지라 여긴 것입니다.

바로 이런 생각 때문에 고토쿠 슈스이는 비극적인 죽음을 맞이해야 했습니다. 안중근 의사가 일본 정부에 의해 사형당하고 나서 얼마 안 돼 고토쿠 슈스이와 동지들도 일본 정부에 반대하는 반역자라는 이유로 죽임을 당했습니다. 그러나 안중근 의사와 마찬가지로 결코 헛된 죽음이 아니었습니다. 이들의 삶은 많은 사람에게 참된 정의와 평화를 이루려면 무엇을 해야 하는지 알려 줬기 때문입니다.

'살아야 한다면 민중과 함께' - 후세 다쓰지

이렇게 생각하고 행동한 일본인은 고토쿠 슈스이만이 아니었습니다. 변호사 후세 다쓰지도 우리가 꼭 기억해야 할 인물입니다. 후세 다쓰지는 우리 독립운동가의 재판이 열릴 때면 항상 재빨리 달려와서 열심히 변호를 맡아 주었습니다. 심지어는 천황을 암살하려 한 독립투사 박열의 재판을 맡기도 했습니다. 천황을 신처럼 떠받들던 당시 일본 사회에서는 자칫 반역자로 낙인찍혀 변호사

자격을 뺏길 수 있는 일이었는데 말이지요.

후세 다쓰지가 한국 독립운동을 도운 것은 동정심이나 죄책감 때문이 아니었습니다. 고토쿠 슈스이처럼 후세 다쓰지 변호사도 한국 독립운동가들을 동지라 여겼습니다. 후세 다쓰지가 보기에 일본 제국은 소수 부자에게만 좋은 나라였습니다. 다수의 일본 민중에게는 반민주적인 독재 국가일 뿐이었습니다. 그래서 그는 일본 제국주의에 맞서 싸웠고, 이 싸움에서 일본 민중과 한국 민중이 한 편이라고 믿었습니다.

후세 다쓰지 | 후세 다쓰지는 인권 변호사, 사회 운동가로서 일본인 최초로 대한민국 건국훈장을 받았다.

"살아야 한다면 민중과 함께, 죽어야 한다면 민중을 위해."

이 말은 후세 다쓰지의 묘비에 쓰여 있는 글귀입니다. 후세 다쓰지가 평생 간직한 신념이었지요. 여기에서 '민중'이란 일본 민중이자 또한 한국 민중이기도 했습니다.

일본 민중이 아니라 일본 제국주의가 우리의 적

많은 독립운동가와 고토쿠 슈스이, 후세 다쓰지가 확신한 것처럼, 한국 민중과 일본 민중은 적이 아닙니다. 우리의 적은 일본 민중이 아니라 아시아의 민족 독립과 민주주의, 평등과 평화를 위협하는 제국주의입니다. 소수 부자만을 위해 자기네 나라의 다수 민중을 희생시키면서 남의 나라를 침략하는 제국주의입니다.

20세기에 한국, 중국, 일본, 세 나라 혁명가들은 일본 제국주의를 뒤엎으려고 목숨을 걸고 함께 싸웠습니다.

그때처럼 지금도 세 나라 민중은 아시아 전체에 민주주의와 평화를 꽃 피우기 위해 어깨 걸고 함께 나아가야 합니다.

제3부

해방부터 정부 수립까지

임시 정부 정신은 평등 공화국

좌우 연립 정부와 삼균주의

헌법 전문에서 3·1운동을 이야기하는 대목 다음에는 이런 문구가 따라붙습니다.

'대한민국 임시 정부의 법통을 계승하고'

'법통'이라니, 너무 낯선 말이지요? 법통이란 법의 계통, 전통을 말합니다. '정신을 계승한다'라는 의미가 담긴 것이지요.

그러니까 우리 헌법은 대한민국이 3·1운동의 결과로 중국 상하이에 수립되었던 임시 정부의 정신을 이어받는다고 못 박고 있는 것입니다.

임시 정부에는 사회주의자도, 무정부주의자도 있었다

그럼 임시 정부의 정신은 무엇일까요? 임시 정부가 어떤 모습이었는지 살펴보면, 그 정신이 무엇인지도 알 수 있을 것입니다. 1945년 해방되기 직전, 충칭에 있던 임시 정부가 어땠는지 한 번 볼까요?

처음 임시 정부에는 대통령이 있었습니다. 그러나 중간에 대통령 대신 주석이 정부를 이끄는 제도로 바뀌었습니다. 이름은 달라도 주석은 현재 대통령이 하는 일과 거의 비슷한 일을 했습니다. 정부를 대표하고 이끄는 역할이었지요.

백범 김구라는 이름을 한 번쯤은 들어봤지요? 김구가 이름이고 백범은 호(부모님이 지어 준 이름 대신 스스로 지어 부르는 또 다른 이름)입니다. 1932년에 일본군 장군들에게 도시락 폭탄을 던졌던 윤봉길 의사가 김구의 애국단에 속해 있었지요. 김구는 이렇게 일본과 치열하게 싸우면서 임시 정부를 지켰습니다. 임시 정부의 마지막 주석이 바로 김구였습니다.

부주석도 있었습니다. 3·1운동을 이야기할 때 이름이 나왔던 김규식이 이 무렵 임시 정부의 부주석이었습니다. 그런데 김구 주석과 김규식 부주석은 속한 정당이 서로 달랐습니다. 김구는 한국독

대한민국 임시 정부 국무원 기념사진 | 앞줄 왼쪽부터 신익희, 안창호, 현순. 뒷줄 왼쪽부터 김철, 윤현진, 최창식, 이춘숙

립당 소속이었지만, 김규식은 한국독립당의 당원이 아니었습니다.

그렇습니다. 임시 정부에는 여러 정당이 있었습니다. 지금 우리나라에도 여러 정당이 있듯 임시 정부도 마찬가지였습니다. 아니, 현재의 대한민국보다 훨씬 다양한 정당들이 있었습니다. 임시 정부에는 민족주의 정당인 한국독립당뿐만 아니라 민족주의와 사회주의를 혼합하려 한 조선민족혁명당이라는 정당도 있었습니다. 사회주의 색채가 더 짙은 정당이었던 조선민족해방동맹도 있었지요.

게다가 지금은 낯선 무정부주의 사상을 따르는 이들도 임시 정부에 참여했습니다. 무정부주의자들은 자본가와 노동자의 구별을 없앨 뿐만 아니라 국가도 폐지해야 한다고 주장한 혁명가들입니다. 그래야 강한 국가와 약한 국가 사이의 불평등이 없어진다고 믿었기 때문입니다. 무정부주의 역시 독립운동의 중요한 한 흐름이었습니다.

귀국 직전의 임시 정부는 좌우 연립 정부

우리나라는 지난 수십 년 동안 국회에 보수 정당(우파 정당이라고도 합니다)만 있었습니다. 보수 정당은 세상을 되도록 지금 모습 그대로 두려는 입장입니다. 크게 바꾸길 꺼립니다. 반면에 다른 많은 나라는 보수 정당뿐만 아니라 진보 정당(좌파 정당이라고도 합니다)도 있습니다. 진보 정당은 사회주의(사회민주주의라고도 합니다)를 표방합니다. 지금의 자본주의 세상을 크게 바꾸려는 정당이지요.

다른 나라에서는 진보 정당이 국회에서 활발히 활동할 뿐만 아니라 권력을 쥐기도 합니다. 진보 정당은 일하는 사람, 가난한 사람들을 위한 개혁 정책을 앞장서서 펼칩니다. 덕분에 돈과 권력을

임시 정부 귀국 기념사진 | 1945년 12월 3일 촬영된 사진이다.

쥔 소수만이 아니라 다수 서민도 한숨 돌릴 수 있는 사회가 되었지요. 다수의 서민이 살기 좋은 정책들이 많은 나라, 이런 나라를 복지 국가라고 합니다.

우리나라는 아직 복지 국가가 아닙니다. 오랫동안 진보 정당의 힘이 약했고, 주로 보수 정당들이 권력을 쥐었던 탓입니다. 그러나 해방 직전 대한민국 임시 정부는 그렇지 않았습니다. 우파 정당도 있고 좌파 정당도 있었습니다. 민족주의 정당과 사회주의 정당이 함께 정부를 이루었습니다. 이런 정부를 흔히 '좌우 연립 정부'라고 합니다.

이제는 우리나라도 진보 정당이 힘을 가져야 합니다. 그래서 보수 정당과 진보 정당이 서로 대등하게 경쟁해야 합니다. 임시 정부의 정신을 잇는 것이 헌법 정신이라면, 이게 맞습니다.

정치도, 경제도, 교육도 평등 – 삼균주의

임시 정부의 정신을 알려면, 정책도 봐야 합니다. 〈대한민국 건국강령〉에 임시 정부 정책이 잘 나와 있습니다. 제2차 세계 대전 중인 1941년에 발표한 문서입니다. 요즘 말로 풀어 보겠습니다.

누구나 국민이면 투표할 수 있는 보통 선거 제도를 시행해서 정치 평등을 이룬다. 토지와 기업을 국민 모두의 재산으로 만들어서 경제 평등을 이룬다. 국가가 학비를 지원하여 누구나 돈 걱정 없이 학교에 다닐 수 있는 교육 평등을 이룬다.

좀 더 상세히 풀어 볼까요. 새 나라는 세 가지 평등을 실현해야 한다는 것이었습니다. 첫 번째는 정치 평등이었습니다. 대한민국 사람이면 누구나 선거에 참여할 수 있어야 한다는 것이었습니다.

두 번째는 경제 평등이었습니다. 커다란 기업이나 토지는 몇몇 개인이 아니라 나라의 재산으로 만들어서 부자와 가난한 자의 차별을 없앤다는 것이었습니다. 세 번째는 교육 평등이었습니다. 누구나 다 학비 걱정 없이 교육받도록 초등학교에서 대학교까지 다 무료여야 한다는 것이었습니다.

〈건국강령〉은 '평등'과 같은 뜻인 '균등'이라는 말을 썼습니다. 정치, 경제, 교육, 세 방면에서

조소앙 | 조소앙은 본명 조용은으로 독립운동가이자 사상가였다.

균등을 실현한다고 해서 〈건국강령〉 내용은 '삼균주의'라고도 불렸습니다. 임시 정부 장관 중 한 명이었던 조소앙이 발전시킨 사상이었습니다. 조소앙은 3·1운동 한 달 전에 발표된 '무오 독립 선언'을 쓰기도 했습니다. 조소앙은 사회주의자는 아니었지만, 사회주의자, 무정부주의자들이 주장하는 강력한 평등의 이상을 받아들

였습니다. 또한, 광주 학생 운동을 전해 듣고서 교육 평등을 3대 평등 중 하나로 강조하기 시작했습니다.

이처럼 삼균주의 안에는 36년간 나라 안팎에서 펼쳐진 독립운동의 여러 사상과 경험이 녹아 있었습니다. 그리고 임시 정부는 이러한 평등사상을 새 나라 건설의 큰 방향으로 정했던 것입니다. 다르게 말하면, 임시 정부 정신이란 곧 '평등 공화국'을 건설하자는 것입니다.

독립운동가들의 꿈은 아직 미완성

<건국강령>의 내용과 지금 우리나라를 한 번 비교해 볼까요? 첫 번째인 정치 평등은 실현됐다고 할 수 있습니다. 하지만 나머지 두 가지는 어떤가요? 임시 정부가 꿈꾸던 미래와는 전혀 다른 모습입니다.

경제를 봅시다. 재벌이라 불리는 소수의 부자가 기업

을 제멋대로 주무르고 자기 아들, 딸들에게 물려줍니다. 반대로 대다수 국민은 정작 그 기업에서 열심히 일하면서도 언제 해고될지 몰라 늘 걱정하고 있습니다. 교육도 마찬가지입니다. 대학교까지 무상 교육은커녕 등록금이 너무 비싸서 가난한 사람들은 학교도 제대로 다니기 힘들지요.

헌법에서 정한 것과는 달리 지금 우리나라는 '임시 정부 정신 계승'과는 정반대 방향으로 가고 있습니다. 독립운동가들이 꿈꾼 나라는 아직 미완성입니다. 우리의 숙제로 남아 있습니다. 새 나라 세우기 운동은 일본 침략자들이 쫓겨나면서 끝난 게 아니라 아직도 계속 진행 중입니다.

일본이 패망하자마자 건국 준비 위원회를 만들어 낸 힘

여운형과 건국 동맹

1945년 8월 15일, 일본이 드디어 연합군에 항복을 선언했습니다. 제2차 세계 대전이 끝남과 동시에 우리나라는 일본 제국의 사슬에서 풀려났습니다. 한반도는 더는 식민지가 아니었습니다. 하지만 그렇다고 곧바로 정부가 수립된 것도 아니었습니다. 일본군을 해산하려고 북쪽에는 소련 군대가 들어오고 남쪽에는 미국 군대가 들어왔지만, 이들이 들어오는 데도 시간이 걸렸습니다. 한 달이 훨씬 넘게 관청도 문을 닫고 경찰도 없는 상태가 계속됐습니다.

혼란이 일어났을 것 같다고요? 전혀 아니었습니다. 강도도 없었고 소란도 없었습니다. 일본이 항복하자마자 곧바로 거의 정부에 가까운 조직이 만들어졌기 때문이었습니다. 건국 준비 위원회라는 조직이었습니다. 건국 준비 위원회가 일본인들로부터 권한을 넘겨받아서 정부 역할을 했기 때문에 별다른 문제가 없었습니다.

놀라운 일이지요. 36년 동안이나 정부가 없었던 한국인들이 어떻게 거의 몇 시간 만에 정부 역할을 하는 조직을 세울 수 있었을까요? 바로 여운형과 건국 동맹 덕분이었습니다.

태양을 꿈꾼 사람, 여운형

여운형이라는 이름 기억나지요? 3·1운동을 준비한 신한청년당을 이야기하는 대목에서 김규식과 함께 등장했었지요. 여운형은 호가 몽양입니다. '태양을 꿈꾼다'라는 뜻입니다. '태양'이란 아마도 어둠을 물리치고 밝게 빛나는 새 나라, 새 세상을 뜻했겠지요.

독립운동의 중요한 순간마다 그곳에 늘 여운형이 있었습니다. 3·1운동을 준비하는 데 앞장섰을 뿐만 아니라 임시 정부를 세울 때에도 중요한 역할을 맡았습니다. 몽양은 새 사상을 받아들이는 데도 열심이었습니다. 그래서 중국을 민주주의 국가로 만들려고 혁명 운동을 벌이던 쑨원과 친하게 지내기도 하고, 사회주의 혁명이 일어난 러시아에 찾아가서 유명한 혁명가 레닌과 만나기도 했습니다.

김규식, 서재필, 여운형이 함께 찍은 사진 | 여운형은 누구보다 독립운동에 앞장섰다.

그러나 이렇게 온 세상을 무대로 독립운동을 펼치던 여운형에게 불운이 닥쳤습니다. 1929년 평소에 운동을 좋아하던 여운형은 상하이에서 야구 경기를 관람했습니다. 그런데 갑자기 일본 경찰이 경기장에 들이닥쳤습니다. 여운형은 강제로 국내로 끌려와 3년 동안 감옥살이를 해야 했습니다.

국내에서 민중과 함께하다

여운형은 감옥에서 나온 뒤에도 다시는 나라 밖으로 나가서 활동할 수 없었습니다. 일본의 철저한 감시 때문이었습니다. 대신 여운형은 당시에 〈동아일보〉, 〈조선일보〉와 함께 3대 일간 신문이었던 〈조선중앙일보〉를 맡아서 운영했습니다. 또한, 조선체육회를 만들어서 젊은이들과 함께 운동하며 어울리기도 했습니다.

1936년, 손기정 선수가 베를린 올림픽에서 마라톤 금메달을 수상했습니다. 한국인이었지만 운동복에는 일장기(일본 국기)가 박혀 있었습니다. 〈조선중앙일보〉는 손기정 선수 사진을 신문에 실으면서 일장기를 지워 버렸습니다. 일본이 아닌 한국 선수의 승리임을 분명히 한 것입니다. 일본 정부는 이 사건을 트집 잡아 여운형을 〈조선중앙일보〉 사장 자리에서 쫓아냈습니다.

중국에서 활동하던 때에 비교하면 참으로 답답한 처지였습니다. 하지만 국내 민중들에게는 여운형이 나라 안에서 함께

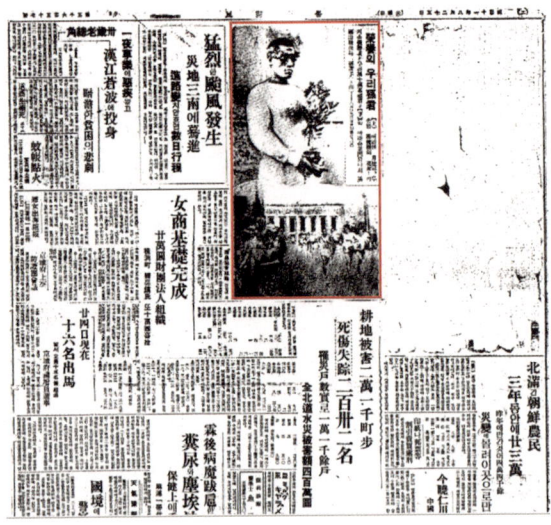

1936년 8월 25일 동아일보에 실린 손기정 선수의 사진 | 동아일보 역시 손기정 선수의 운동복 한가운데 일장기를 지우고 기사를 실었다.

한다는 사실이 큰 위안이 됐습니다. 다른 독립운동 지도자들은 다 나라 밖에 있었으니까요. 여운형은 대중의 마음속에 장래 새 나라를 이끌 지도자로 새겨졌습니다.

건국 동맹, 국내에서 끝까지 투쟁하다

제2차 세계 대전이 시작되자 일본 침략자들의 횡포는 더욱 심해졌습니다. 이름도 일본말로 강제로 바꾸게 하고, 천황에게 절하라고 윽박질렀습니다. 나라 안에 남아서 독립운동을 한다는 것은 더 꿈꾸기 힘들었습니다. 한때 독립운동가였던 많은 이들이 결국 일본의 이런 마지막 발악을 견뎌 내지 못하고 친일파로 돌변하는 안타까운 일들이 벌어졌습니다.

그러나 이럴 때도 몰래 독립운동을 계속한 분들이 있었습니다. 일본이 미쳐 날뛸수록 해방이 가까워졌다는 조짐이라고 확신하면서 절대 굴하지 않았던 것입니다. 그런 이들 중에 바로 여운형과 동지들이 있었습니다.

여운형은 일본이 연합국에 패배할 날이 얼마 남지 않았다고 생각했습니다. 그래서 애써 일본 경찰의 감시를 따돌리며 동지들과 비밀 조직을 만들었습니다. 이 조직의 이름은 '건국 동맹'이었습니다.

'건국'이라는 말에서 여운형과 동지들이 새 나라를 세울 날이 멀지 않았다고 생각했음을 짐작할 수 있습니다.

건국 동맹은 해방의 그 날까지 뜻있는 노동자, 농민, 학생들을 모았습니다. 또한, 나라 밖 곳곳에서 활동하던 독립운동가들과 연락하기 위해 노력했습니다. 연합국 군대가 한반도로 밀고 들어오면 나라 밖 독립군들과 힘을 합쳐서 일본 침략자들과 한판 대결을 벌이는 게 건국 동맹의 계획이었습니다.

건국 동맹을 바탕으로 건국 준비 위원회를 꾸리다

아쉽게도 이 계획은 실현되지 못했습니다. 연합군과 함께 국내에 상륙하려던 광복군의 계획도, 연합군이 들어오면 들고일어나 일본군에 맞서 싸우려던 건국 동맹의 계획도 물거품이 됐습니다. 일본이 예상보다 너무 일찍 항복해 버렸기 때문이었습니다. 우리 힘으로 해방을 열지 못했던 것입니다.

하지만 건국 동맹을 만들어서 미래를 준비한 노력이 헛되지는 않았습니다. 일본인들도 국내 지도자 중에서 가장 인기가 많고 정부를 꾸릴 준비가 된 인물이 여운형임을 알고 있었습니다. 그래서 일본이 항복한 뒤에 질서를 유지하는 책임을 맡아 달라고 여운형에게 부탁했습니다. 여운형은 건국 동맹 동지들과 함께 곧바로 건국 준비 위원회를 꾸렸습니다. 참으로 빠른 속도였습니다. 건국 동맹이 국내에서 끝까지 독립 투쟁을 계속한 덕분이었습니다.

미군을 환영하는 건국 준비 위원회 인천 제물포 지부 | 건국 준비 위원회는 미군과 소련군이 들어오기 전까지 정부 역할을 했다.

해방 첫날, 여운형은 거리에 모인 사람들 앞에서 이렇게 연설했습니다.

"우리는 지난날의 아프고 쓰라린 것은 다 잊어버리고 이 땅에 합리적이고 이상적인 낙원을 건설해야 합니다. 세계 각국이 우리를 주목하고 있습니다. 백기를 든 일본인을 보면, 정말 통쾌한 마음입니다. 그러나 그들에게 우리의 아량을 보여 줍시다. 새 나라 건설에 온 힘을 쏟읍시다."

건국 준비 위원회는 미군과 소련군이 들어오기 전까지 정부 구실을 톡톡히 했습니다. 서울뿐만 아니라 각 지방에서도 건국 준비 위원회 지부가 만들어졌습니다. 전국에 100개가 훨씬 넘었습니다. 일제 강점기에 신간회나 근우회에 가입해 활동했던 독립운동가들이 각 지역에서 건국 준비 위원회 지부를 결성하는 데 앞장섰습니다.

평등하고 통일된 새 나라를 바라며

해방되고 몇 달이 지나자 나라 밖에서 독립운동을 하던 지도자들이 속속 귀국했습니다. 미국에 있던 이승만과 중국 충칭에 있던 임시 정부 사람들(김구, 김규식 등)이 왔습니다. 하지만 대중에게 가장 인기 있는 지도자는 단연 여운형이었습니다.

1945년 가을에 선구회라는 단체가 길 가는 사람들에게 "최고의 혁명가는 누구인가?"라고 물었습니다. 그러자 여운형이 1위로 나왔습니다. "가장 뛰어난 지도자는 누구인가?"라는 물음에는 33퍼

1934년 조선중앙일보 사장 시절 여운형 | 여운형은 많은 사람에게 지지를 받던 지도자였다.

센트의 응답자가 여운형이라고 답했습니다. 나중에 초대 대통령이 되는 이승만이나 임시 정부 주석 김구보다 더 많은 지지를 받았던 것입니다.

그러나 안타깝게도 여운형은 새 나라를 이끌지 못하고 동포의 총에 맞아 쓰러졌습니다. 여운형은 좌파(사회주의자들)와 우파(민족주의자들)가 서로 고집을 부리면 통일된 독립 국가를 세우지 못할 것이라고 내다봤습니다. 그래서 좌파와 우파를 모두 설득해 하나의 나라를 세우려 했습니다. 좌파에서는 여운형이, 우파에서는 김규식이 앞장섰습니다. 역사책은 여운형과 김규식의 이런 노력을 '좌우 합작 운동'이라고 기록했습니다.

여운형을 암살한 자들은 좌우 합작 운동에 반대한 옹졸하고 무지한 무리였습니다. 몽양이 쓰러진 뒤에 한반도의 남쪽과 북쪽에는 각기 다른 정부가 들어섰습니다. 남한과 북한으로 갈라진 것입니다. 두 나라는 전쟁의 비극까지 겪었습니다. 그리고 지금도 남과 북은 같은 민족이면서 서로 으르렁거리고 있습니다.

하지만 그럴수록 60여 년 전 여운형의 꿈은 과거가 아니라 미래의 목표로 되살아납니다. 이제는 우리가 평등하고 통일된 새 나라의 꿈을 이어 가야 하지 않을까요?

일본이 버리고 간 공장을 노동자가 돌리다

노동자 자주 관리 운동

일본 정부가 연합군에 항복하자 우리 땅에 와 있던 일본인들은 허겁지겁 일본으로 돌아갔습니다. 그 가운데에는 공장을 지어서 우리 할아버지, 할머니들에게 일을 시키던 일본인 자본가들도 있었습니다. 그런 공장은 하루아침에 주인 없는 신세가 됐습니다.

아니, '주인 없다'라는 말은 틀린 말입니다. 주인이 없어진 게 아니었습니다. 공장을 처음 만든 사람만 주인인가요? 공장에서 매일 일하는 사람들은 주인이 아닌가요? 오히려 기계를 직접 돌리고, 청소도 해 주고, 고치기도 하는 사람들이야말로 진짜 주인이 아닐까요? 한국인 노동자들이 바로 그런 참 주인이었습니다. 이들은 공장에 여전히 남아 있었습니다.

공장 밖에서는 건국 준비 위원회, 공장 안에서는 노동자 자주 관리

많은 노동자는 갑자기 사장이 없어져서 당황하기도 했습니다. 그러나 기쁜 마음이 더 컸습니다. 이제야 비로소 진짜 주인이 회사 일을 결정할 수 있게 됐으니까요. 건국 준비 위원회가 일본에게 정부 권한을 넘겨받은 것처럼, 일터에서도 우리 노동자들이 스스로 공장을 움직이기 시작했습니다.

노동자들의 이런 움직임을 '노동자 자주 관리 운동'이라고 일컫습니다. 말이 좀 어렵지요? '자주'는 '스스로 한다'라는 뜻이고, '관리'는 '회사를 끌고 나간다'라는 뜻입니다. '관리'는 '경영'이라고

하기도 하지요. 그러니까 '노동자 자주 관리'는 '기업에서 일하는 노동자가 스스로 그 기업을 이끈다'라는 의미입니다.

1945년 여름이 막 끝나고 가을이 오려고 할 즈음, 우리나라 곳곳은 건국 준비 위원회 지부를 만드느라 바빴습니다. 이때 각 공장에서는 노동자들이 투표로 공장 대표를 뽑았습니다. 이제 일본인 사장 대신 노동자가 선출한 대표가 회사를 이끌었습니다. 중요한 일들은 노동자들이 모두 모여 투표로 결정했습니다. 노동자들에게 지옥 같이 느껴졌던 공장이 완전히 뒤바뀌었습니다. 새 나라 민주주의가 공장에서부터 모습을 드러냈습니다.

노동자 자주 관리의 씨앗을 뿌린 지하 노동조합 운동

일본인 사장이나 상사가 시키면 묵묵히 따르기만 했던 노동자들이 어쩌면 이토록 빠르게 기업의 주인으로 당당히 설 수 있었을까요?

이유는 건국 준비 위원회와 다르지 않았습니다. 앞에서 건국 동맹이 마지막까지 투쟁을 그치지 않았기에 건국 준비 위원회가 신속하게 꾸려질 수 있었다고 이야기했습니다. 공장 안도 마찬가지였습니다. 일본 정부의 엄청난 탄압을 받으면서도 끈질기게 이어

온 노동 운동 덕분이었습니다.

1930년대부터는 탄압이 너무 심해서 노동조합도 공공연히 활동하기 힘들어졌습니다. 그러자 사회주의자, 노동 운동가들은 지하(비밀) 노동조합을 만들었습니다. 몰래 노동자들을 노동조합에 가입시키고 파업도 벌였습니다. 노동자 신문을 찍어서 돌려 보며 일본 침략자들이 알려 주지 않는 나라 안팎의 소식을 전하기도 했습니다. 노동자들은 겉으로는 일본인 상사의 명령을 고분고분 따르는 듯 보이면서도 지하 노동 운동가들을 통해 어렴풋하게나마 다른 세상의 꿈을 키워갔습니다.

이런 지하 노동 운동은 심지어 일본 침략자들의 본부가 있는 서울에서도 펼쳐졌습니다. 사회주의 독립운동가 이재유와 동지들이 만든 조직이 1930년대 말까지 활동했습니다. 이들은 공장이 많은 동대문, 용산, 영등포 등에서 노동자들을 비밀 노동조합에 가입시켰습니다. 이재유는 일본 경찰에 잡힌 뒤에도 두 차례나 탈출해 계속 지하 투쟁을 했습니다. 결국, 일본 경찰에 잡혀 해방의 그 날도 보지 못한 채 숨지기는 했지만, 정말 불굴의 투사가 아닐 수 없습니다.

해방되기 몇 년 전까지 이런 노력이 끊이지 않았기 때문에 해방되자마자 노동자 자주 관리 운동이 일어날 수 있었던 것입니다. 숨어 있었건 감옥에 있었건 지하 노동조합 운동을 벌이던 이들이 곧바로 노동자의 지도자가 됐습니다. 노동자들은 지하 노동 운동가를 통해 들었던 내용을 떠올리면서 일터를 바꿔 나갔습니다.

8시간 노동제를 시행하라!

일본인이 사장이었던 기업에서만 자주 관리 운동이 있었던 것이 아닙니다. 일제 강점기에도 몇몇 기업은 사장이 한국인이었습니다. 그런데 그 한국인 사장들은 대개 친일파였습니다. 그들은 동포들 편에 서기보다는 일본 침략자에게 아첨하면서 노동자를 탄압하는 데 앞장섰습니다.

대표적인 곳이 친일 재벌 김연수가 사장이던 경성방직이었습니다. 한국인이 사장이더라도 노동자가 받는 대우는 다른 공장과 전혀 다를 바 없었습니다. 대부분이

경성방직의 선전 포스터 | 경성방직에서 생산한 태극성 광목을 광고하고 있다.

여성 노동자들이었는데, 하루 12시간씩이나 일을 시켰습니다. 기숙사는 찬바람이 숭숭 들어왔고, 급식으로는 상한 음식을 주기 일쑤였습니다. 노동자 10명 중 4명이 폐결핵에 걸렸다는 이야기도 있었습니다.

나라가 해방되자 이 회사 노동자들은 그동안 참고 참았던 요구들을 토했습니다.

"노동 시간을 하루 8시간으로 줄여라!"

"급식을 개선하라!"

"기숙사를 개선하라!"

너무도 절실하고 당연한 요구들이었습니다. 더 나아가서 노동자들은 친일파 김연수가 회사 운영에서 손을 떼야 한다고 주장했습니다. 노동자 대표를 뽑아서 노동자들이 원하는 방향으로 기업을 운영하겠다고 했습니다.

사장 김연수는 처음에는 겁을 집어먹고 노동자들의 요구를 들어주는 척했습니다. 그러나 미국 군대가 돌아온 후에는 태도를 바꾸었습니다. 김연수 같은 친일파들은 일제 강점기에 일본인들에게 그랬던 것처럼 미국인들에게 아부했습니다. 미국이 뒤를 봐주자 김연수는 다시 노동자들을 우습게 보기 시작했습니다. 그는 하루

8시간으로 줄였던 노동 시간을 예전처럼 12시간으로 늘렸습니다.

그러나 경성방직 노동자들은 가만있지 않았습니다. 노동자들은 파업을 시작했습니다. 그런데 파업이라고 해서 그냥 일손을 놓지만은 않았습니다. 이미 노동자 자주 관리 운동을 경험한 노동자들은 사장 없이 스스로 공장을 돌렸습니다. 노동자들은 하루 8시간씩만 일했습니다. 그러면서도 평소보다 더 많은 옷감을 생산했습니다. 노동자가 주인인 세상이 자본가만 주인인 세상보다 얼마나 더 멋있고 훌륭한지 몸으로 보여준 것입니다.

노동자 기업 대신 재벌 기업이 들어서다

그러나 안타깝게도 노동자 자주 관리 운동은 오래가지 못했습니다. 한반도 남쪽에는 미국군이 들어와서 1948년까지 3년 동안 정부 구실을 했습니다. 이걸 미군정이라고 합니다. 미군정은 노동자 자주 관리 운동을 중단시켰습니다. 노동자가 대표를 뽑아 공장을 운영할 수 없다고 못 박았습니다.

당시에는 일본이 우리 땅에 남겨 놓은 재산을 '적산'이라 불렀습니다. '적들이 남겨 놓은 재산'이라는 뜻이었습니다. 적산에는 집이나 땅도 있었고 공장이나 은행도 있었습니다. 그러나 적산은

한국 민중의 피와 땀이 모인 결과였습니다. 따라서 우리 노동자가 직접 운영하거나 국민의 재산으로 삼는 게 옳았습니다.

그러나 미군정은 적산을 돈 많은 일부 한국인에게 헐값에 팔았습니다. 이때 적산을 푼돈에 사들인 재수 좋은 사람들은 나중에

어마어마한 부자가 됐습니다. 적산을 커다란 기업으로 키워서 지금 우리가 '재벌'이라고 부르는 거대 자본가가 됐습니다. 이 사람들의 아들, 그리고 다시 그 손자가 수십 년째 우리나라 경제를 마음대로 쥐락펴락하고 있습니다.

그러니까 소수 재벌만을 위한 지금 한국 경제는 해방 직후 노동자 자주 관리 운동의 꿈을 짓밟고 등장한 악몽이라고 할 수 있습니다. 너무나 뼈아픈 역사의 갈림길입니다. 만약 노동자 자주 관리가 쭉 이어졌더라면 우리가 사는 세상은 지금과 많이 달랐을지도 모릅니다. 지금이라도 그때 노동자들의 꿈이 되살아났으면 좋겠습니다. 재벌만 잘사는 세상을 뒤바꾸기 위해 말입니다.

기업은 누구의 것일까?

제헌 국회와 이익균점권

기업은 누구의 것일까요? 자동차도 만들고 휴대전화도 만드는 회사들 말입니다. 많은 사람이 아마 기업의 주인은 '재벌'이라고 답할 것입니다. 텔레비전 드라마 같은 데서 흔히 '회장님'이나 '사장님'이라고 불리는 사람들이지요.

하지만 회사에는 이런 사람들만 있는 게 아닙니다. '직원'이나 '사원', '종업원'이라고 불리는 수많은 노동자가 있습니다. 공장이나 마트, 사무실에서 물건을 만들고, 소비자에게 물건을 파는 사람들입니다. 이 사람들이 출근해서 일해야 회사가 굴러갈 수 있습니다. 이 노동자들은 다름 아니라 우리 엄마, 아빠들입니다.

그런데 회장님만 회사의 주인이라면 이 많은 노동자는 손님인가요? 기업은 노동자가 일하러 나오지 않으면 껍데기일 뿐인데, 그럼 손님이 일해 주고 있다는 이야기인가요? 노동자가 주인도 아니고 또 손님도 아니라면, 그럼 주인 대신 일만 해 주는 노예라는 말인가요? 회장님만 기업의 주인이라는 대답은 뭔가 단단히 잘못된 것 같습니다.

드디어 민주 공화국의 주춧돌을 놓은 제헌 국회

노동자 자주 관리 운동은 노동자들 쪽에서 이 물음에 내놓은 답이라 할 수 있습니다. 노동자야말로 기업의 주인이라는 것이었지요. 그런데 제헌 국회도 대한민국의 첫 헌법을 제정하면서 이 물음에 답을 내놓았습니다. 그 답은 노동자 자주 관리 운동의 정신과도 서로 겹치는 면이 있습니다. 이 이야기를 하기 전에 우선 제헌 국회가 무엇인지부터 살펴볼까요?

어느 나라든 혁명으로 낡은 왕국이 무너지고 나면 국민의 대표들을 뽑아 제헌 의회를 꾸립니다. '제헌'이란 헌법을 제정한다는 뜻입니다. 그러니까 제헌 의회는 헌법을 만드는 의회이고, 민주 공화국의 초대(제1대) 의회입니다. 앞에서 헌법은 민주 공화국의 가장 밑바탕을 이루는 국민의 약속이라고 이야기했지요. 이런 약속을

투표하는 시민들의 모습 | 시민들이 국회의원들을 직접 뽑기 시작했다.

정해 놓아야 민주 공화국이 그 약속에 따라 굴러갈 수 있습니다.

우리 할아버지, 할머니들도 당연히 이 순서대로 나라를 세웠습니다. 1948년 5월에 첫 선거에 참여해서 초대 국회의원들을 뽑았습니다. 이들이 모여서 헌법을 논의하고 작성했습니다. 우리나라의 제1대 국회, 제헌 국회가 활동을 시작한 것입니다.

안타깝게도 선거는 미국군이 들어온 한반도 남쪽에서만 시행됐습니다. 소련군이 들어온 북쪽에는 따로 정부가 들어섰습니다. 하나의 민족이 두 나라로 갈라진 것입니다. 이 비극을 '분단'이라고 합니다. 여운형, 김규식 같은 분들이 막아 보려고 애썼지만, 우리 민족은 이 비극을 피하지 못했습니다. 결국은 남과 북이 한 차례 전쟁까지 하고, 지금껏 분단 상태입니다.

그래도 반쪽이나마 역사상 최초로 우리 땅에 민주 공화국 정부를 수립한 것은 참으로 뜻깊은 일입니다. 선조들이 얼마나 염원했던 민주 국가입니까. 짧게 잡아도 동학 농민 혁명부터 만민 공동회를 거쳐 3·1운동과 항일 독립 투쟁까지 수많은 선조의 피와 땀과 눈물이 강물을 이뤄 참으로 어렵게 도달한 종착지였습니다. 또한 새로운 출발점이었지요. 정치 평등을 바탕으로 경제, 사회, 모든 방면으로 평등을 확대할 출발점이 드디어 열렸습니다.

수천 년 묵은 불평등을 해결한 농지 개혁

제헌 국회에는 분단 때문에 독립운동가들이 모두 참여하지는 못했습니다. 사회주의 독립운동가들은 대부분 빠졌고, 김구, 김규식 같은 민족주의 독립운동의 대표적인 지도자들도 제헌 국회 선거에 나서지 않았습니다. 독립운동의 모든 흐름이 당장은 새 나라

헌법 공포 기념사진 | 제헌 국회 의원들의 단체 사진이다.

건설로 모이지 못한 것입니다.

　그렇기는 해도 역시 초대 국회의원으로 뽑힌 이 중 다수는 독립운동가들이었습니다. 이들은 비록 옛 동지들이 제헌 국회에 함께하지 않더라도 그들이 무엇을 바라는지 너무도 잘 알고 있었습니다. 독립운동가라면 누구나 새 나라가 무엇부터 해야 할지 한마음, 한뜻이었습니다. 그것은 가장 뿌리 깊은 불평등부터 없애는 일이었습니다.

　이 시절 가장 뿌리 깊은 불평등이란 바로 지주와 소작농의 불평등이었습니다. 소수의 지주 집안이 넓디넓은 농지를 독차지했지만 대다수 농민은 땅이 없어서 남의 땅을 일궈야 하는 처지였습니다. 그래서 농민은 자기가 일해 거둔 곡식을 절반 넘게 소작료로 지주한테 빼앗겨야 했습니다. 조선 시대부터 계속된 불평등이었지요. 아니, 고려 시대, 삼국 시대로까지 거슬러 올라가는 문제였습니다. 그야말로 수천 년 묵은 불평등이었습니다.

제헌 국회는 아주 단호하게 새 나라가 이 불평등을 철폐해야 한다고 못 박았습니다. 대한민국의 첫 헌법에 86번째 조항으로 이렇게 써넣었습니다. '농지는 농민에게 분배한다.' 너무도 간단한 한 문장이었습니다. 그러나 너무나 거대한 한 문장이기도 했습니다. 지주가 가진 농지를 모두 땅 없는 농민들에게 나눠 줘야 한다는 위엄 있는 명령이었습니다. 이제는 모든 농민이 자기 땅을 갖고 그 땅에서 자기 뜻대로 농사지어 수확물을 모두 농민이 가진다는 대원칙이었습니다.

상세한 농지 개혁 방법은 새 정부가 정해서 할 일로 넘겼습니다. 하지만 헌법에 이토록 명확하게 농지 개혁 원칙을 못 박았기 때문에 땅 없는 농민들이 자기 땅을 갖는 것은 이제 시간문제였습니다. 수천 년 된 불평등이 사망 선고를 받은 것입니다. 우리 할아버지, 할머니들은 불평등이 민중의 힘으로 충분히 해결될 수 있다는 사실을 눈으로 처음 확인했습니다. 그렇습니다. 불평등은 뒤집힐 수 있습니다. 평등은 실현될 수 없는 꿈이 절대 아닙니다.

헌법이 자본가와 노동자의 불평등에 답하다 - 이익균점권

오래된 불평등만이 아니었습니다. 제헌 국회는 새로 나타난 불평등, 즉 자본가와 노동자의 불평등도 논의하고 답변을 내놓았습니다.

대한민국 첫 헌법의 18째 조항은 이랬습니다. '제18조. 영리를 목적으로 하는 사기업에서는 근로자는 법률이 정하는 바에 의하여 이익의 분배에 균점할 권리가 있다.' 어려운 말들이 많지요? 일단 '근로자'는 노동자와 같은 말입니다. 문장 전체를 풀어 보면, 이런 뜻입니다. '상품을 만들어서 팔아 돈을 버는 회사들에서는 노동자도 이익을 공평하게 나눠 가질 수 있어야 한다.'

노동자들이 재벌 회장님, 사장님을 위해 일해 주고 월급(임금) 받아가는 것으로 끝이 아니라는 이야기였습니다. 노동자들도 자본가와 함께 회사의 이익을 고르게 나눠 가져야 한다는 것이었습니다.

결국 무슨 뜻입니까? 주인이 아니라면, 왜 고르게 나눠 갖겠습니까? 손님이나 노예한테 돌아갈 몫이 어디 있겠습니까? 한마디로 노동자도 기업의 주인이라는 뜻이었습니다. 노동자도 기업의 주인이니까 기업이 번 돈은 노동자의 것이기도 하다는 이야기였지요.

이렇게 1948년에 처음 제정된 대한민국 헌법은 노동자도 기업의 주인이라고 선언했습니다. 나라를 세울 때 우리 할아버지, 할머니들은 분명히 이렇게 약속했습니다.

기업은 일하는 사람들 모두의 것이다

하지만 슬프게도 이 약속은 지켜지지 않았습니다. 헌법이 약속했던 농지 개혁은 실제 이뤄졌지만, 역시 헌법이 약속했던 이익균점권은 실현되지 않았습니다. 기업 안에서는 점점 더 재벌이 노동자보다 더 많은 힘과 돈을 갖게 됐습니다. 일단 엄청난 권력을 쥐게 된 재벌은 회사만이 아니라 사회 전체를 마음대로 주무르기 시작했습니다. 이익균점권을 약속한 헌법 제18조는 죽은 문구가 되어 버렸습니다. 그러다 박정희를 비롯한 군인들이 쿠데타를 일으켜 권력을 쥔 뒤에 헌법에서 이 조항을 아예 빼 버렸습니다.

그러나 우리는 결코 잊어서는 안 됩니다. 대한민국 헌법을 처음 만들면서 약속한 게 무엇이었는지 말입니다. 그것은 '기업은 누구의 것인가'라는 물음의 답이었습니다. '기업은 일하는 사람들 모두의 것'이라는 답이었습니다. 언젠가는 반드시 실현돼야 하는 우리의 자랑스러운 건국 정신입니다.

제4부

정부 수립 이후 최근까지

평등과 평화의
나라를 향해

조봉암과 진보당

　선거 때마다 길거리에 나붙는 후보자들의 포스터를 유심히 본 적이 있나요? 그럼 아마 포스터 안의 번호도 봤겠지요. 후보마다 1번, 2번, 이렇게 번호가 붙습니다. 국회의원이 많은 정당의 후보부터 번호를 매깁니다. 그런데 대통령 선거든 국회의원 선거든 항상 1번이나 2번이 붙는 정당은 보수 정당입니다.

　앞에서 우리나라는 오랫동안 보수 정당이 권력을 독차지했다고 이야기했습니다. 보수 정당은 사회를 지금 모습 그대로 유지하려

는 정당입니다. 반면에 진보 정당은 사회를 크게 바꾸려는 정당입니다. 특히 진보 정당은 자본주의를 바꿔야 한다고 주장합니다. 그래야 평등 세상을 이룰 수 있다는 것입니다. 그런데 최근까지 우리나라는 보수 정당의 힘은 너무 강하지만 진보 정당의 힘은 너무 약했습니다.

하지만 우리도 항상 그랬던 것은 아닙니다. 대통령 선거에서 진보 정당 후보가 높은 지지를 받은 적이 있었습니다. 1956년 대통령 선거가 그랬습니다. 이 선거에서 두 번째로 많은 지지를 받은 후보가 조봉암이었습니다. 조봉암이 속한 정당은 진보당이었습니다. 이름만 봐도 진보 정당임을 알 수 있지요.

갑오년 농민 혁명군의 뜻을 이어받아

조봉암 역시 일제 강점기에 독립운동을 했습니다. 호는 '죽산'이었습니다. '대나무 산'이라는 뜻이지요. 갑오년 농민 혁명군 이야기에서 나온 말입니다. 농민군은 흰옷에 대나무 창을 들고 다녔습니다. 그래서 농민군이 산에 모여 있으면 산이 온통 하얗게 보였고 대나무 숲처럼 보이기도 했습니다. 여기에서 '서면 백산(흰산), 앉으면 죽산(대나무 산)'이라는 말이 나왔지요. 조봉암은 이 '죽

제2대 후반기 국회 의장단 선출 때 조봉암 | 맨 오른쪽이 조봉암.

산'을 호로 삼았습니다. 농민 혁명군의 꿈을 잇겠다는 의지를 느낄 수 있지요.

다른 많은 그 또래 독립운동가들과 마찬가지로 조봉암의 눈을 열어 준 것은 3·1운동이었습니다. 젊은 조봉암은 만세 시위에 참여하고서 세상을 바꾸려는 혁명가로 다시 태어났습니다.

조봉암은 전 세계 제국주의 질서를 무너뜨리고 모든 약하고 작은 민족과 노동하는 사람들의 평등을 이루자는 사회주의 사상에 매력을 느꼈습니다. 그래서 일제 강점기 내내 사회주의 독립운동에 앞장섰습니다. 중국 상하이에 머물 적에는 여운형과 친하게 지내며 함께 활동하기도 했습니다.

1945년 8월 15일 해방의 그날도 조봉암은 감옥에 있었습니다. 창살 안에 있던 그를 직접 찾아와 해방의 소식을 전한 이는 오랜 선배 동지 여운형이었지요. 조봉암은 감옥에서 나오자마자 고향 인천에서 건국 준비 위원회를 이끌었습니다.

농지 개혁을 실행한 민중의 일꾼

그런데 그 뒤에 조봉암은 다른 사회주의 독립운동가들과는 다른 길을 걸었습니다. 대다수 사회주의자는 대한민국 정부 수립에 참여하지 않았습니다. 그러나 조봉암은 인천에서 국회의원 선거에 출마해 당선됐습니다. 그는 제헌 국회에서 헌법을 만들 때 직접 헌법 문구를 작성하는 일을 맡기도 했습니다. 분단된 반쪽짜리 나라라도 민중의 뜻에 맞는 정치를 하도록 일단 힘을 모아야 한다는 게 조봉암의 생각이었습니다.

헌법을 작성하기만 한 게 아니었습니다. 헌법의 가장 중요한 약속을 실행하는 책임도 맡았습니다. 헌법이 제정되자마자 대한민국의 새 정부가 꾸려졌습니다. 제헌 국회 의장이던 이승만이 초대 대통령이 됐습니다. 이제 장관들이 임명돼야 하는데, 그중에서도 중요한 게 농림부 장관이었습니다. 농업 문제를 담당하는 장관이었지요. 헌법이 약속한 농지 개혁을 실행해야 할 막중한 자리였습니다. 이 자리에 조봉암이 임명됐습니다.

초대 농림부 장관이 된 조봉암은 '농지는 농민에게 분배한다'라는 헌법 조항을 실현할 상세한 계획을

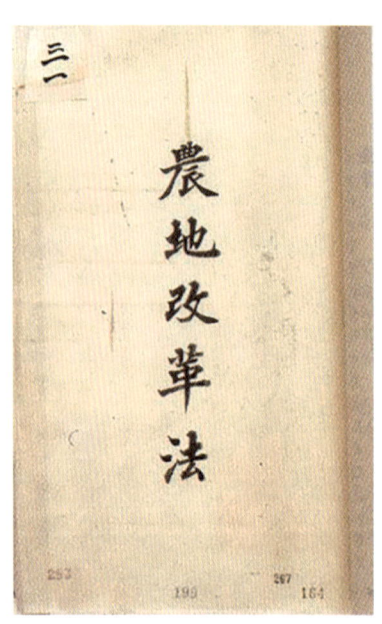

1950년 3월 개정되어 공포된 농지 개혁 법안 |
농지 개혁은 당시 주요 사업이었다.

졌습니다. 지주들은 어떻게든 농지 개혁 시행을 막아 보려 했습니다. 그들은 조봉암 장관을 몰아내려고 온갖 트집을 잡았습니다. 그 탓에 조봉암은 농지 개혁을 다 끝내지도 못한 채 장관 자리에서 물러나야 했습니다.

그러나 농민들은 조봉암을 잊지 않았습니다. 1952년에 제2대 대통령 선거가 있었습니다. 이 선거에서 초대 대통령 이승만이 다시 당선됐습니다. 그럼 이승만 다음으로 많은 표를 얻은 후보는 누구였을까요? 바로 조봉암이었습니다. 그는 특히 농촌에서 많은 지지를 얻었습니다. 농지 개혁 덕분에 소작농 신세에서 벗어난 농민들이 조봉암에게 아낌없는 한 표를 던진 것입니다.

평등과 평화의 나라를 만듭시다!

두 번이나 대통령이 된 이승만은 독재 정치를 펼쳤습니다. 1956년에 다시 대통령 선거가 돌아오자 많은 국민이 이번에는 반드시 이승만을 몰아내고 새 정부를 세워야겠다고 생각했습니다. 처음에는 이승만을 이길만한 인물로 당시 가장 큰 야당이던 민주당의 신익희 후보가 주목받았습니다.

그러나 또 다른 후보가 있었습니다. 조봉암이었습니다. 조봉암 후보는 무엇보다 평등을 소리 높여 외쳤습니다. 일제 강점기부터 그는 새 나라의 방향으로 평등을 가장 고민한 사람이었습니다. 게다가 지주와 소작농의 불평등을 해결한 사람이기도 했습니다. 그래서 새롭게 나타난 부자와 가난한 자, 자본가와 노동자 사이의 불평등에도 누구보다 먼저 관심을 기울였습니다. 일자리를 찾지 못해 가난에 시달리는 사람들, 공장에서 열심히 일하지만 그에 맞는 권리를 누리지 못하는 사람들, 이런 사람들의 문제를 해결하는 게 가장 급한 일이라고 이야기했습니다.

조봉암 후보가 또 하나 강조한 건 평화였습니다. 1956년이면 한국전쟁이 끝난 지 아직 3년밖에 안 될 무렵이었습니다. 전쟁의 고통이 어제 일처럼 아프게 느껴지던 때였지요. 조봉암 후보는 전쟁이 절대 다시 일어나지 않도록 남한과 북한이 서로 대화하고 평화를 약속해야 한다고 부르짖었습니다. 북한과는 화해할 수 없다는 이승만 정부와 정반대되는 주장이었습니다.

이 선거에서 조봉암 후보는 무려 30퍼센트나 되는 국민의 지지를 받았습니다. 민주당 신익희 후보가 선거 운동을 하다 갑자기 병으로 사망하는 바람에 조봉암 후보가 받은 표가 더욱 많아졌습니다. 이승만을 몰아내고 싶은 민심이 조봉암 후보의 표로 몰린 것입니다.

 그러나 이승만 정부는 투표함에 가짜 표를 집어넣고, 개표 결과를 거짓으로 발표하는 부정 선거를 저질렀습니다. 만약 부정 선거가 없었다면, 조봉암은 훨씬 많은 득표를 기록했을지도 모릅니다. 비록 당선은 못 됐지만, 조봉암 후보는 한국에도 진보 정당을 지지하는 사람들이 적지 않음을 보여 줬습니다.

억울한 죽음, 그러나 진보 정당의 길은 계속된다

 다시 대통령이 된 이승만은 조봉암과 진보당이 더 큰 지지를 받아서 힘을 키울까 봐 두려웠습니다. 그래서 북한 간첩과 몰래 만났다는 누명을 씌워서 조봉암을 가두고 결국은 목숨까지 뺏고 말았습니다. 조봉암은 4·19 혁명이 일어나기 불과 아홉 달 전에 사형을 당했습니다. 그

재판 중인 조봉암 | 진보당 사건 당시의 재판 모습이다.

는 죽기 전에 이런 말을 남겼습니다.

"이승만은 소수만 잘살게 하는 정치를 했고, 나와 동지들은 국민 대다수가 고루 잘살게 하는 민주주의 투쟁을 했습니다. 나한테 죄가 있다면 많은 사람이 고루 잘살 수 있는 정치 운동을 한 것밖에는 없습니다."

그러고 나서 대법원은 52년이나 지난 2011년에야 '조봉암은 무죄'라고 다시 판결 내렸습니다. 조봉암이 억울하게 죽임을 당했다고 국가가 공식 인정한 것입니다. 많은 이들이 그의 죽음을 '법살'

이라고 합니다. 이승만 독재 정부가 '법'의 가면을 쓰고 정치적 적수를 비겁하게 '살해'했다는 이야기입니다.

만약 조봉암이 이렇게 법살을 당하지 않았더라면, 우리나라도 분명히 진보 정당이 보수 정당과 어깨를 나란히 했을 것입니다. 그랬다면 지금보다 훨씬 더 평등하고 평화로운 나라가 되지 않았을까요?

지금이라도 늦지 않았습니다. 조봉암 후보가 주장하고, 우리 할아버지, 할머니들이 지지했던 평등과 평화는 여전히 우리의 숙제입니다. 이제부터라도 진보 정당의 힘을 키워서 조봉암과 진보당의 못다 이룬 꿈을 앞당겨야 할 것입니다.

민주 공화국은 거듭된 혁명으로 새 생명을 얻는다

4월 혁명과 광주 민주화 운동

대한민국 헌법 전문의 첫 문장은 3·1운동과 대한민국 임시 정부를 짚은 뒤에 이렇게 이어집니다. '불의에 항거한 4·19 민주 이념을 계승한다.' '4·19'라고 불리는 사건은 1960년 4월에 일어난 민주주의 혁명입니다. 독재자가 된 이승만을 몰아낸 혁명이지요. '4월 혁명'이라고도 합니다.

그런데 여기에서 궁금증이 생깁니다. 앞에서 살펴봤듯이 3·1운동도 실은 '혁명'입니다. 4·19도 혁명입니다. 그럼 우리 역사에서 민주 혁명이 여러 번 반복됐다는 이야기가 됩니다. 왜 혁명은 한 번으로 끝나지 않았을까요? 혁명으로 왕국을 끝내고 난 뒤에도 다시 혁명이 필요하다는 말인가요?

민주 공화국에는 항상 독재의 위험이 숨어 있다

그렇습니다. 민주 공화국에서 혁명은 한 번으로 끝날 수 없습니다. 그 이유는 왕국을 민주 공화국으로 바꿨다고 해서 처음부터 제대로 된 민주 공화국은 아니기 때문입니다.

민주 공화국의 주인은 시민(국민과 같은 뜻)입니다. '주인'은 '주권자'라고도 하지요. 대통령이나 국무총리, 국회의원은 주권자인 시민이 임명한 일꾼일 뿐입니다. 국가의 이런저런 일을 맡아서 해 보라고 시민들이 잠시 권한을 준 것뿐입니다. 만약 이들 일꾼이 시민의 뜻과 다르게 움직인다면, 시민들은 언제든 빌려줬던 권한을 되찾아 올 수 있어야 합니다. 이게 민주주의의 대원칙입니다.

그러나 시민들 사이에는 아직도 옛날 습관이 남아 있습니다. 국왕이나 귀족을 주인으로 떠받들던 습관 말입니다. 그래서 자신이 주권자임을 실감하지 못합니다. 자기가 표를 던져서 대통령으로 만들어 준 사람을 일꾼이 아니라 또 다른 국왕쯤으로 생각합니다. 국회의원을 귀족처럼 여깁니다. 일꾼을 주권자로 착각하는 것입니다. 민주 공화국의 역사가 오래지 않을수록 이런 낡은 습관이 뿌리 깊게 남아 있곤 합니다.

이걸 이용하는 무리가 있습니다. 처음에는 민주주의 투사인 양굽면서 시민들의 지지를 모읍니다. 그래서 대통령도 되고 국회의원도 됩니다. 하지만 일단 권력을 쥔 뒤에는 일꾼이 아니라 주인 행세를 합니다. 국민의 행복이 아니라 제 욕심만 차리는 정치를 합니다. 선거 때가 닥치면 부정 선거를 하거나 아예 선거를 없애서 권력을 손에서 놓지 않으려 합니다. 한마디로 독재자가 됩니다.

한 세대에 한 번씩은 필요한 민주 혁명

어떤 민주 공화국이든 이런 위험을 겪을 수 있습니다. 역사가 오래된 민주 공화국도 이럴 가능성이 전혀 없다고 할 수 없습니다. 특히 지구 위 거의 모든 민주 공화국이 아직 경제 평등을 제대로 실현하지 못했기 때문에 더욱 그렇습니다.

어느 나라든 아직도 소수 자본가가 다수 노동자 위에 버티고 앉아 있습니다. 돈이 많아지면서 힘도 세진 자본가들은 어떻게 하면 기업 안에서만이 아니라 바깥에서도 권력을 누려 볼까 고민합니다. 회사 안에서만이 아니라 나라 전체에서 독재자가 되려 하는 것입니다. 혹은 독재를 꿈꾸는 자들과 손을 잡기도 하지요.

이런 위험이 닥칠 때마다 민주 혁명이 다시 일어나야만 합니다. 독재자나 독재를 꿈꾸는 자들을 몰아내고 시민이 주권자임을 모두 몸과 마음으로 다시 확인해야 합니다. 민주 공화국의 첫 헌법을 만들면서 맺은 약속이 무엇인지 기억하고 그 뜻을 새롭게 따져야 합니다. 이런 이유로 민주 공화국은 맨 처음 혁명 말고도 거듭 혁명이 필요합니다.

토머스 제퍼슨 | 미국의 3번째 대통령이었고, 독립 선언서의 기초자이다.

18세기 말 미국 독립 혁명 지도자였고 미국 제3대 대통령을 지낸 토머스 제퍼슨은 이렇게 말했습니다. "20년에 한 번은 혁명이 다시 일어나야 한다는 것은 신이 정한 법칙입니다. 민중이 저항 정신으로 무장해서 기회가 있을 때마다 권력자들에게 경고를 보내지 않고도 자유를 계속 지킬 수 있는 나라가 어디 있겠습니까?"

'20년'은 한 세대를 뜻합니다. 제퍼슨이 살았던 시대는 지금보다 수명이 짧았기 때문에 한 세대가 20년쯤이라고 생각했습니다. 지금은 보통 30년이라고 하지요. 그러니까 제퍼슨은 한 세대에 한 번씩 혁명이 필요하다고 말한 것입니다. 할아버지, 할머니 세대로 혁명이 끝나는 게 아니라 아버지, 어머니 세대도 자신들의 혁명을 일으키고 손자, 손녀 세대도 다시 혁명의 주인공이 되어야 한다는 말입니다.

제퍼슨은 이래야만 도중에 권력자에게 자유를 빼앗기지 않는다고 힘주어 말합니다. 그래야 민주 공화국이 독재 국가로 뒷걸음질 치지 않고 계속 민주 공화국다울 수 있다는 것입니다.

대한민국 역사는 제퍼슨의 이 말이 사실임을 보여 줍니다. 우리 국민만큼 제퍼슨의 충고를 철저히 실천한 사람들도 또 없을 것입니다.

정부 수립 후 첫 번째 민주 혁명 - 4월 혁명

대한민국을 왕국으로 되돌릴 뻔한 첫 번째 독재자는 이승만이었습니다. 앞에서도 이야기한 것처럼, 이승만은 부정 선거로 계속 대통령 자리에 머물렀습니다. 그는 정치적 경쟁자 조봉암을 누명을 씌워 죽이고 친일파 출신 경찰들을 앞세워서 국민의 목소리를 억눌렀습니다. 심지어는 깡패들을 시켜 야당 국회의원들을 공격하기도 했습니다. 이때 이승만의 나이가 벌써 여든이 넘었는데도 이렇게 권력 욕심을 부렸습니다.

1960년 5월 29일 경향신문 | 이승만이 하와이로 망명가는 모습을 실은 기사

이승만은 1960년 대통령 선거에서 다시 부정 선거를 저질렀습니다. 이때 더는 참을 수 없던 민중들이 들고일어났습니다. 대구와 마산에서 시위가 시작돼 서울 경무대(당시 대통령이 머물던 곳) 앞까지 시위 행렬이 밀고 들어갔습니다. 그러자 경찰이 시위대에게 총을 쏘았습니다. 수많은 사람이 다치고 죽었습니다. 분노한 시민 중 일부는 경찰의 총을 빼앗아 맞서 싸우기도 했습니

다. 이날이 4월 19일이었습니다. 그래서 '4·19 혁명'이라고 불립니다.

이승만은 아무리 탄압해도 시위가 더 커지기만 하자 결국 항복했습니다. 그는 대통령에서 물러난 뒤에 황급히 미국으로 도망갔습니다. 대한민국 정부를 수립한 뒤에 처음 일어난 민주 혁명이 승리한 것입니다.

반란군에 총으로 맞선 광주 시민들 - 광주 민주화 운동

하지만 두 번째 혁명으로도 민주 공화국이 영글기에는 충분하지 않았나 봅니다. 1년 뒤인 1961년 5월 16일, 군대가 쿠데타를 일으켰습니다. '쿠데타'는 '혁명'과는 전혀 다릅니다. 혁명은 주권자인 시민 대중이 들고일어나 민주 공화국을 지키거나 새롭게 하는 사건입니다. 쿠데타는 소수의 무리가 반란을 일으켜서 민주 공화국의 권력을 빼앗고 독차지하는 것을 말합니다.

그 후 18년 동안이나 쿠데타 두목 박정희의 독재가 계속됐습니다. 처음에는 이승만 시절처럼 온갖 부정을 저지르더라도 그나마 선거를 거쳐 대통령이 됐습니다. 그러나 1972년부터는 국민들이 대통령을 직접 뽑는 제도를 아예 없애 버렸습니다. 선조들이 피

5·16 군사 쿠데타 직후 박정희 | 중앙청 앞에서 박정희와 이낙선, 박종규, 차지철이 함께 서 있다.

흘려 이룬 민주주의가 졸지에 중단돼 버렸습니다. 이승만 정부보다 더한 독재가 시작됐습니다.

워낙 흉악한 독재 정부였기 때문에 1979년 박정희는 결국 부하 김재규의 총에 맞아 죽었습니다. 부산, 마산에서 독재에 반대하는 시위가 시작되던 와중에 벌어진 일입니다. 박정희가 죽자 다들 오랜만에 민주주의가 되살아나나 보다 하며 기뻐했습니다. 그러나 일부 군인들이 박정희를 그대로 따라 다시 쿠데타를 일으켰습니다.

이번에는 전두환이라는 자가 두목이었습니다.

  1980년 5월에 서울, 광주 등에서 새로운 군부 독재에 맞서는 시위가 벌어졌습니다. 반란군 두목들은 광주에 군대를 보내 시위대를 잔인하게 공격했습니다. 칼을 휘두르고 총을 쏘았습니다. 분노한 시민들은 당연히 저항했습니다. 맨손으로는 당해 낼 수 없었기에 총을 들고 싸웠습니다.

반란군은 오히려 시민들을 폭도로 몰았습니다. 며칠 뒤에 광주는 다시 반란군에게 점령당했습니다. 당장은 시민들이 반란군의 상대가 되지 못한 것입니다. 그러나 역사의 싸움은 이것으로 끝이 아니었습니다. 광주 시민들이 흘린 피는 사람들의 가슴에 씨앗을 뿌렸습니다. 기필코 민주주의를 되찾겠다는 분노와 희망의 씨앗

당시 광주에서 찍힌 사진 | 광주 시민들의 저항은 새로운 혁명의 출발점이었다.

이었습니다.

이 씨앗이 마침내 싹을 틔워서 1987년 6월, 6월 항쟁으로 다시 폭발했습니다. 이때부터 민주주의가 서서히 되살아났습니다. 지난 광주 시민들의 저항은 마침내 '광주 민주화 운동'으로 인정받았습니다.

반면 반란군 두목이었던 예전 대통령 전두환, 노태우는 대법원에서 '반란 수괴(두목)'라는 판결을 받았습니다. 전두환은 죽을 때까지 감옥에 갇힌다는 무기 징역 형벌을 받았습니다.

처음에는 광주 시민들의 저항이 슬픈 패배로만 보였습니다. 그러나 국민은 이 저항을 지켜보고 기억하면서 민주 혁명의 정신을 잃어버리지 않을 수 있었습니다. 그래서 오랜 군부 독재를 무너뜨린 위대한 혁명의 출발점이 됐습니다.

민주 혁명은 시민의 당당하고도 당연한 권리

4월 혁명과 광주 민주화 운동은 우리에게 증언합니다. 민주 공화국이 끊임없이 새로워지고 젊어지도록 만드는 힘이 무엇인지 말입니다. 그것은 민주 혁명입니다. 만약 지금 세상이 뭔가 잘못돼 가고 있다면, 우리가 돌아가야 할 곳은 다름 아니라 대한민국의 자유를 지키고 되살린 민주 혁명의 정신입니다. 민주 공화국에 위험이 닥칠 때마다 새 세대는 자기 시대에 맞는 또 다른 혁명에 나서야 합니다.

우리 헌법은 '불의에 항거한 4·19 민주 이념을 계승'한다는 한 문장으로 이 점을 분명히 밝히고 있습니다. 정의롭지 못한 낡은 질서에 맞서는 혁명은 당당하고도 당연한 시민의 권리입니다.

정치 민주화와 함께
경제 민주화를!

1987년 6월 항쟁과 노동자 대투쟁

이제 할아버지, 할머니 세대가 아니라 엄마, 아빠나 삼촌 세대의 이야기를 해야겠습니다. 지금으로부터 30여 년 전 이야기입니다.

그때도 우리는 학교에서 우리나라가 민주 공화국이라고 배웠습니다. 그러나 이건 진실이 아니었습니다. 거짓말이었습니다. 당시 우리나라는 결코 민주 공화국이 아니었습니다. 일부 군인들이 쿠데타로 권력을 잡아 독재 정치를 하고 있었습니다. 박정희 독재 18년, 전두환 독재 8년, 모두 합해 26년 동안 군인 독재가 계속됐습니다.

그 시절에는 국민이 직접 대통령을 뽑지 못했습니다. 체육관에 몇몇 사람들만 모아 놓고 투표를 시켰습니다. 그러면 원래 짜 맞춘 각본에 따라 박정희나 전두환 같은 반란군 우두머리가 대통령이 됐습니다. 이 시절에 민주주의는 단지 먼 나라의 이야기일 뿐이었습니다.

6월 항쟁으로 드디어 몰락하기 시작한 군인 독재

그러니 우리 엄마, 아빠들이 참을 수 있었겠습니까? 1987년 6월에 드디어 수백만 명의 시민이 거리로 쏟아져 나왔습니다. 시민들은 이렇게 외쳤습니다.

"독재 정권 물러나라!"

"광주에서 억울하게 죽은 사람들의 진실을 밝혀내자!"

"헌법을 바꿔서 다시 국민 직접 투표로 대통령을 뽑자!"

아마 이 책을 읽는 여러분의 엄마, 아빠, 삼촌은 그때 대학생이거나 젊은 노동자였겠지요. 이런 사람들이 서울, 광주, 부산 등 전국 모든 도시의 거리를 가득 메웠습니다. 경찰이 아무리 곤봉을 휘두르고 최루탄을 쏴도 굴하지 않았습니다.

마침내 독재자도 무릎을 꿇고 말았습니다. 6월 29일, 전두환과 한 패인 노태우가 국민의 뜻대로 헌법을 바꾸겠다는 약속을 발표했습니다. 많은 이들이 이 약속을 '6·29 항복 선언'이라고 부릅니다. 그러고 나서 정말로 헌법도 바뀌었고, 대통령 직접

시청 앞 광장에서의 집회 | 수십만 명의 인파가 거리를 메웠다.

선거도 시행됐습니다. 지금의 대한민국 헌법은 이때 개정된 것입니다. 우리가 누리는 민주주의는 이렇게 1987년 6월 항쟁으로 다시 시작됐습니다.

절반의 승리에 그친 1987년 민주 항쟁

그러고 보면 6월 항쟁도 민주 혁명이었다고 하겠습니다. 광주 민주화 운동으로 시작돼 7년 만에 군인 독재를 몰아낸 긴 혁명이었다고도 할 수 있습니다. 하지만 4월 혁명과는 달리 보통 6월 항쟁을 '혁명'이라고 하지는 않습니다. 그 이유는 이 항쟁이 절반의 승리에 그치고 말았기 때문입니다.

가장 안타까운 것은 그해 12월에 새 헌법에 따라 시행된 대통령 선거에서 전두환의 후계자로 나선 노태우가 대통령에 당선됐다는 사실입니다. 노태우도 쿠데타의 공범이었습니다. 따라서 노태우 정부가 비록 선거로 들어섰다고는 하더라도 군인 독재의 후속편이라고 할 수 있었습니다. 독재 세력을 시원하게 몰아내지 못한 것입니다.

왜 이런 일이 벌어졌을까요? 새 헌법과 정치 제도를 민주주의답게 제대로 만들지 못했기 때문이었습니다. 일단 새 헌법을 만드는 데 시민들이 직접 참여하지 못했습니다. 대통령 선거를 빨리 치러야 한다는 이유로 몇몇 국회의원들만 모여서 허겁지겁 헌법 문구를 작성했습니다. 그래서 예전 헌법과 비교하면 민주적이지만 지금 우리 눈으로 보면 많은 문제점을 지닌 헌법이 탄생하고 말았습니다.

결선 투표제 없는 대통령 선거의 끔찍한 결과

참으로 아쉬운 것은 새 헌법에 '대통령 결선 투표제'가 빠졌다는 점입니다. 대통령 선거를 하는 거의 모든 나라에 이 제도가 있습니다. 이 제도는 국민 절반 이상의 동의를 얻어야만 대통령이 될 수 있다고 못 박습니다. 대통령 선거를 했는데 50퍼센트를 넘게 지지받는 후보가 없으면, 첫째와 둘째로 많은 지지를 받은 후보만 놓고 다시 투표합니다. 그래서 이 두 번째 투표에서 국민 과반수의 지지를 받는 대통령을 정합니다. 이게 결선 투표제입니다.

그런데 대통령 직접 선거를 부활시킨다면서 이 제도를 빠뜨렸습니다. 예전 이승만 시절에도 이 제도가 없었기 때문에 별 고민이 없었나 봅니다. 그러나 그 결과는 끔찍했습니다. 민주화 운동을 이끌던 야당의 두 지도자, 김영삼과 김대중이 대통령 선거에 동시

마이크 앞에 선 전두환 | 1982년도에 촬영한 사진이다.

에 후보로 출마했습니다. 국민 사이에 독재를 끝장내자는 생각이 워낙 강했기 때문에 둘 다 출마해도 둘 중 한 사람은 당선될 줄 알았던 것입니다.

하지만 투표함을 열어 보니 노태우 후보가 가장 많은 표를 얻었습니다. 김영삼 후보와 김대중 후보가 받은 표를 다 합치면 노태우 후보가 받은 표보다 훨씬 많았고 절반도 넘었습니다. 만약 결선 투표제가 있었다면, 둘 중 좀 더 많은 표를 받은 후보가 결선 투표에서 노태우 후보를 이기고 대통령에 당선됐을 것입니다. 그랬다면 군인 독재는 마침표를 찍고 1987년 민주 항쟁은 '승리한 혁명'이 됐겠지요. 그러나 결선 투표제가 없었기에 이번에도 군인 독재 잔당의 승리로 끝나 버렸습니다. 민주주의를 되살리겠다면서 정치 제도를 깊이 고민하지 못한 탓이었습니다.

그 후 독재 잔당들은 서서히 물러가고 민주주의가 뿌리내리기 시작했습니다. 하지만 우리나라 정치 제도는 아직도 문제가 많습니다. 결선 투표제처럼 꼭 있어야 하는데 없는 제도들이 많습니다. 지금이라도 이런 제도들을 새로 만들어야 합니다. 이런 점에서 한국의 정치 민주화는 미완성입니다. 이미 이룬 것보다 앞으로 이뤄내야 할 게 더 많습니다.

6월 항쟁에 뒤이어 일어난 노동자 대투쟁

그런데 1987년에는 6월 항쟁만 있었던 게 아닙니다. 6월에 민주주의를 위한 싸움이 있고 나서 바로 다음 달인 7월부터 새로운 싸움이 시작됐습니다. 곳곳의 노동자들이 들고일어났습니다.

노동조합이 없는 곳에서는 노동조합을 새로 만들었고, 노동조합이 있어도 이름뿐인 곳에서는 제대로 된 '민주' 노동조합을 만들었습니다. 새로 생긴 노동조합들은 외쳤습니다.

"노동자도 인간이다! 인간답게 살고 싶다!"

그해 여름, 전국 곳곳에서 수백만 명의 노동자들이 이렇게 한목소리로 외쳤습니다. '6월 민주 항쟁' 다음에 '7, 8, 9월 노동자 대투쟁'이 그 뒤를 이은 것입니다.

왜 민주주의를 위한 싸움이 있고 나서 이렇게 노동자 대투쟁이 벌어졌을까요? 그럴 수밖에 없는 이유가 있습니다.

흔히 민주주의를 '1인 1표' 제도라고 합니다. 무슨 말일까요? 반장 선거를 생각해 보세요. 어떤 원칙에 따라 투표를 하지요? 일단 같은 반 친구라면 누구나 투표를 합니다. 성적이 좋고 나쁘거나 집이 잘살고 못살고는 전혀 관계없습니다. 같은 반 친구라면 모두 투표를 합니다. 이게 '1인 1표'의 첫 번째 뜻입니다. 부자든 가난하든, 권력이 있든 없든 상관없이 국민이면 누구나 투표에 참여한다는 원칙입니다.

그런데 '1인 1표'에는 또 다른 뜻도 있습니다. 누구나 한 표씩만 던진다는 뜻입니다. 공부를 잘하거나 선생님이 예뻐한다고 두 표를 던질 수 있는 게 아닙니다. 모든 친구가 다 한 표씩만 투표합니다. 이게 '1인 1표'의 또 다른 의미입니다. 누구나 다 평등하게 투표에 참여한다는 원칙입니다.

아직도 기업 담장을 넘지 못한 1인 1표 민주주의 원칙

우리 엄마, 아빠, 삼촌들이 6월 항쟁으로 되살린 게 바로 이 1인 1표 원칙입니다. 정치 영역에서 이 원칙이 실현되는 걸 우리는 흔히 '민주주의'라고 부릅니다.

한데 과연 대통령이나 국회의원을 1인 1표 원칙에 따라 뽑는다고 해서 민주주의가 완전히 승리했다고 말할 수 있을까요? 우리 엄마, 아빠들이 일하는 공장이나 회사에서는 어떻습니까? 거기에서도 1인 1표 원칙을 지키고 있나요?

불행히도 아닙니다. 1인 1표 원칙을 따른다면, 회사에서 일하는 사람이면 사장을 뽑는 데 누구나 투표에 참여해야 할 것입니다. 그러나 노동자에게는 그런 권리가 없습니다. 회사의 주식을 돈 주고 산 '주주'라는 사람들에게만 그런 권리가 있습니다.

앞에서 살펴봤듯이 일본으로부터 해방된 후 잠깐 노동자들이 투표로 기업을 운영한 적이 있었지요. 하지만 아쉽게도 곧바로 세상이 다시 바뀌고 말았습니다. 주주들이 사장을 뽑고, 정작 공장에서 열심히 일하는 노동자들은 사장의 명령을 묵묵히 따라야 하는 처지가 됐습니다.

간혹 노동자가 돈을 모아서 주식을 사기도 합니다. 그럼 노동자도 주주가 될 수 있고, 사장을 뽑을 때 투표할 수도 있습니다. 하지만 사장을 뽑을 때는 주식을 갖고 있다고 해서 모두 한 표씩만 던지는 게 아닙니다. 주식을 많이 가진 재벌은 수천 명, 수만 명만큼의 표를 던집니다. 반대로 주식을 조금 가진 노동자는 그만큼의 표밖에 던질 수 없습니다.

전혀 평등하지 않지요. 1인 1표와 완전히 다른 원칙을 따르는 겁니다. 다시 말하면, '민주주의'가 아닙니다. 민주주의는 아직도 기업 담장을 넘어 일터로까지 퍼지지 못하고 있습니다.

기업에서도 민주주의를!

이런 이유로 정치 민주화가 어느 정도 이뤄지면 어느 나라에서든 민주주의를 기업으로 확대하려는 운동이 번져 나갑니다. 1인 1표 원칙이 공장과 사무실 담벼락을 넘어야 한다고 외치는 노동

자들의 새로운 운동이 시작되게 마련입니다. 6월 항쟁에 뒤이어 노동자 대투쟁이 일어난 이유가 여기에 있습니다.

  1987년 여름에 거대한 흐름으로 등장한 이 운동은 지금도 우리나라 모든 일터에서 계속되고 있습니다. 수많은 일하는 시민이 정치 민주화를 완성하면서 동시에 민주화를 경제, 사회 영역으로까지 확대하려고 노력하고 있습니다. 이 책을 읽는 여러분이 앞으로 꼭 실현해야 할 숙제가 바로 이 경제 민주화, 사회 민주화입니다.

자유, 평등, 연대가 꽃피는 씨알들의 나라

좋은 삶을 살 수 있는 좋은 사회

지금까지 봤듯이 70년 넘은 대한민국 역사에서 민주주의는 전진하고 뒷걸음질 치길 여러 번 되풀이했습니다. 가장 참혹했던 때는 군인 독재 시절이었지요.

이런 옛이야기를 듣다 보면, 의문이 듭니다. 그 시절 사람들은 왜 그토록 오랜 세월 동안 독재를 두고 보기만 했을까요? 물론 툭하면 죄 없는 사람들을 잡아 가두고 고문이나 살인도 서슴지 않았으니 두려워서 가만히 있었던 이들이 많았겠지요.

하지만 단지 무서워서 참고 있었던 것만은 아닙니다. 독재를 지지하는 사람들도 적지 않았습니다. 1987년 6월 항쟁 뒤에도 독재 잔당에게 계속 표를 던지는 사람들이 많았습니다. 그들은 도대체

왜 민주주의를 짓밟는 독재자를 지지했던 것일까요?

"잘살아 보세, 우리도 한 번 잘살아 보세."

박정희, 전두환 정부 시절, 우리나라는 경제가 빠른 속도로 성장했습니다. 어마어마하게 큰 공장들이 생겼고, 다른 나라에 수출해서 벌어들이는 돈이 늘어났습니다. 살림살이가 믿기 힘들 정도로 빨리 발전했기 때문에 이런 우리나라의 성장을 '한강의 기적'이라 부르기도 했습니다.

한강의 기적을 만들어 낸 우리 할아버지, 할머니들은 이런 노래 가사를 늘 입에 달고 살았습니다.

"잘살아 보세, 잘살아 보세, 우리도 한 번 잘살아 보세."

이 시절 대다수 대한민국 국민은 '잘살아 보는' 게 정말 간절한 꿈이었습니다.

그럼 어떻게 사는 게 잘사는 것일까요? 독재 정부가 국민에게 이야기했습니다. 박정희가 직접 지었다는 노래에 이런 가사가 있었습니다. "초가집도 없애고 마을 길도 넓히고." 잘사는 게 딴 게 아니라 초가집 대신 아파트를 세우고 길을 넓혀 자동차로 채우는 것이라는 이야기였습니다. 오랫동안 많은 국민이 이런 노래 가사

국군의 날 카드 섹션으로 만든 박정희 초상화 | 박정희의 독재 시절의 분위기가 잘 담겨 있다.

에 맞장구를 쳤습니다. 그러면서 잘살려면 어쩔 수 없다며 박정희나 전두환 같은 독재자를 지지하기도 했습니다.

진짜로 세월이 지나니 우리나라 곳곳은 아파트 천지가 됐습니다. 자동차가 너무 많아 길을 넓히고 넓혀도 꽉 막힐 정도가 됐지요. 40여 년 전에 "잘살아 보세."라고 외치며 바랐던 꿈이 이미 실현된 것입니다.

하지만 과연 우리는 잘살고 있나요? 우리 엄마, 아빠들은 행복

공영 간이 주택 입주식의 박정희 | 1961년 구로동에 꾸며져 있던 입주 현장.

한가요? 우리나라는 지금 살만한 나라인가요?

'좋은 삶'이란 인간의 가능성을 최대한 실현하는 삶

불행하게도 그렇다고 답하기 어렵습니다. 겉모습만 보면, 우리나라는 온 세상이 놀랄 정도로 화려해졌습니다. 그러나 정작 우리 국민은 전혀 인간다운 삶을 살지 못합니다.

한국은 살림살이가 비슷한 나라들 가운데 노동 시간이 가장 긴 나라입니다. 우리 엄마, 아빠들은 가족과 오붓한 시간을 보낼 새도 없이 죽어라 일만 하고 있습니다. 그 덕에 재벌은 나날이 재산을 불리고 권력을 키웁니다. 하지만 정작 일하는 사람들에게 돌아가는 몫은 작습니다. 이런 일이 다람쥐 쳇바퀴 돌 듯 반복되고 있습니다.

물론 어느 정도 경제 성장은 필요합니다. 그러나 돈벌이는 어디까지나 수단일 뿐입니다. 돈을 많이 번다고 잘사는 게 아닙니다. 많은 이들이 그런 게 잘사는 것인 줄 알고 지난 수십 년간 독재자와 재벌이 이끄는 대로 따라왔지만, 현실은 이 모양 이 꼴입니다. 소수 재벌이 잘살도록 다수의 일하는 사람들이 종노릇하는 꼴입니다.

그럼 무엇이 '잘사는' 삶, '좋은' 삶일까요? 지난날 뛰어난 사상가들은 하나같이, 인간이 가진 풍부한 가능성을 최대한 실현하며 사는 게 좋은 삶이라고 답했습니다.

모든 인간은 헤아리기 힘들 만큼 다양한 가능성을 품고 있습니다. 인간은 세종대왕도 될 수 있고, 이순신 장군도 될 수 있습니다. 퀴리 부인도 될 수 있고, 아인슈타인도 될 수 있습니다. 또 베토벤도 될 수 있고, 김연아 선수도 될 수 있습니다.

다만 이제까지 인간 역사에서는 사람들이 잠재력을 갈고닦을 기회와 시간이 부족했습니다. 옛날에는 농사지어서 입에 풀칠하기도 힘들었기 때문에 그럴 수밖에 없었습니다. 하지만 그때와 달리 한없이 풍족해진 오늘날도 그렇다는 것은 이상한 일입니다.

단지 겉만 화려하다고 해서 좋은 사회는 아니지요. 모든 사람이 숨은 가능성을 키워나가는 '좋은 삶'을 살 수 있도록 뒷받침해 주는 사회가 '좋은 사회'일 것입니다.

너와 나, 민중은 씨알이다 - 함석헌

그러고 보면 우리 삶은 씨앗과 무척 닮았습니다. 씨앗은 아주 작습니다. 보잘것없어 보입니다. 그저 알갱이에 불과하지요. 하지만 이런 씨앗이 땅에 떨어져 자라나면 어여쁜 꽃이 되기도 하고 울창한 나무가 되기도 합니다. 또 열매들은 어떤가요. 저 산의 푸르른 숲도 작디작은 씨앗들이 자라난 결과입니다. 씨앗 속에 담긴 세상이 참으로 크기도 합니다. 한 사람 한 사람이 품은 가능성도 꼭 이와 같습니다.

그런데 실제로 사람들을 씨앗이라 부른 분이 있습니다. 박정희, 전두환 독재에 맞서 싸운 민주주의 투사이자 사상가였던 함석헌입니다.

함석헌은 일제 강점기에 〈성서조선〉이라는 잡지를 내며 일본에 저항하는 글을 실었다가 옥살이를 했습니다. 이승만 정부 시절에도 그는 「생각하는 백성이라야 산다」라는 글로 독재를 비판해서 또 감옥 신세를 졌습니다.

박정희가 쿠데타를 일으키자 이번에도 그는 4월 혁명이 연 역사의 새길이 군홧발에 짓밟혔다며 용감하게 맞서 싸웠습니다. 60세가 훨씬 넘은 나이에 흰 수염을 휘날리며 독재와 싸우는 곳이면 어디든 달려갔습니다.

함석헌은 1970년대 들어 새로 잡지를 내기 시작했습니다. 그 잡지의 제목이 〈씨알의 소리〉였습니다. '씨알'은 '씨앗'의 다른 말입니다. 함석헌은 '민중'을 순우리말로 '씨알'이라 부르자고 했습니다. 사실 '민중'은 한자어입니다. 이 책에서 '민중'과 비슷한 뜻으로 쓴 다른 말들, '백성', '평민', '서민', '시민', '국민', '대중' 모두 한자어입니다. 함석헌은 이런 한자어들 대신 '씨알'을 쓰자고 주장했습니다.

'씨알'이란 말을 처음 생각해 낸 이는 함석헌의 스승인 또 다른 위대한 사상가 유명모였습니다. 유영모는 한자 '민(民)'을 '씨알'이라는 우리말로 풀었습니다. 함석헌은 스승이 생각해 낸 이 말을 이어받아 널리 퍼뜨렸습니다.

함석헌이 〈씨알의 소리〉를 내던 무렵, 대한민국은 정말 한겨울의 언 땅 같았습니다. 뜻있는 사람들은 독재자가 두려워 숨죽이고 있었습니다. 다른 많은 사람은 그저 초가집도 없애고 마을 길만 넓히면 좋을 줄 알고 독재자가 하자는 대로 따랐습니다. 민주주의를 기억하

서재에서 독서를 하는 함석헌 | 함석헌은 사상가이자 민권 운동가였다.

고 그리워하는 이들이라면 절망하기 딱 좋은 시절이었습니다.

그러나 함석헌은 나와 너, 우리 민중 모두는 씨알이라며 희망을 주고 용기를 주었습니다. 씨앗은 땅에 묻혀 버리는 것 같지만 그냥 사라지는 게 아닙니다. 씨앗은 썩어 없어져 버리는 것 같지만 실은 죽는 게 아닙니다. 시간이 무르익으면 꽃으로, 나무로, 열매로 다시 태어납니다. 이처럼 씨알(민중)도 때가 오면 전보다 더 자라난 모습으로 깨어 일어날 것이라고 함석헌은 믿었습니다. 결국엔 민주주의가 이기고 만다는 이 무서운 믿음이 역사를 창조할 것이라고 외쳤습니다.

서로 모시고 섬기는 씨알의 나라로

그 믿음이 옳았습니다. 오늘날 박정희와 전두환은 독재자, 반역자로 기억될 뿐입니다. 반면 민주 공화국은 부활했고, 전진하는 중입니다. 독재가 옛일이 됐을 뿐만 아니라 독재를 지지하게 했던 그릇된 생각, 그러니까 돈만 잘 벌면 잘사는 거라던 생각도 낡은 유물이 되고 있습니다. 고개를 돌려 새길을 찾는 씨알들이 늘어나고 있는 것입니다.

그럼 우리가 만들어야 할 '좋은 나라'란 어떤 나라일까요? 모든 씨알은 우선 자유로워야 합니다. 그래야 스스로 자라나고 뻗어나갈 수 있습니다. 자유롭되 평등하게 자유로워야 합니다. 누구는 다른 이들보다 더 자유롭고, 누구는 덜 자유로워선 진짜 자유가 아닙니다. 그러자면 서로 경쟁하는 게 아니라 연대해야 합니다. 옛날 동학의 가르침대로 씨알은 서로를 하늘처럼 모시고 섬겨야 합니다.

자유, 평등, 연대, 이것은 프랑스 대혁명으로 처음 등장한 민주 공화국의 이상이기도 합니다. 민주주의를 바라는 온 인류가 함께 꾸는 꿈입니다. 그렇습니다. 우리가 만들어가야 할 '좋은 나라'는 바로 자유, 평등, 연대가 꽃 피는 씨알들의 나라입니다.

| 맺는말 |

역사는
우리 가운데 살아 있다

2017년 3월 촛불 혁명이 승리했습니다. 2012년 대통령에 당선된 뒤에 부패하고 무능한 모습만 보였던 박근혜가 대통령에서 '파면'됐습니다.

박근혜는 대통령으로 해야 할 일은 전혀 하지 않았습니다. 선거 운동할 때는 복지를 늘리고 경제를 민주화하겠다고 공약했지만, 대통령 되고 나서는 모두 모른 척했습니다. 여객선 세월호가 바다에 침몰해 수백 명의 국민이 죽는데도 아무 일도 하지 않았습니다.

반면에 대통령으로 하지 말아야 할 일은 열심히 했습니다. 자기에게 비판적인 태도의 사람들은 명단에 이름을 적어 감시했고, 밀실에서 재벌들로부터 뒷돈을 받아 친구와 함께 챙겼습니다.

이 사실을 알고 분노한 시민들이 2016년 늦가을부터 몇 달 동안 찬바람도 아랑곳없이 거리로 나왔습니다. 시민들은 촛불을 들고 "박근혜, 물러나라!"고 외쳤습니다.

촛불 시민의 외침이 국회를 움직였습니다. 2016년 12월 국회가 박근혜를 대통령 자리에서 쫓아낸다는 탄핵안을 통과시켰습니다. 석 달 뒤인 2017년 3월에 헌법재판소가 이 탄핵안을 받아들여서 박근혜는 결국 대통령 자리에서 쫓겨났습니다. 1960년 4월 혁명, 1987년 6월 항쟁에 이은 또 다른 시민의 승리였습니다. 어느덧 이 승리에는 '촛불 혁명'이라는 이름이 붙었습니다.

평화로운 방식으로 부패하고 무능한 대통령을 쫓아내다

그런데 촛불 혁명은 정말 평화로운 혁명이었습니다. 매주 토요일마다 서울을 비롯한 여러 도시에서 평화 집회가 열렸습니다. 평화 집회이다 보니 초등학생들도 참가할 수 있었고, 장애인이나 노인, 유모차에 탄 아기까지 함께할 수 있었습니다. 그래서 더욱 많은 이가 함께할 수 있었고 서울 광화문 광장에는 한 번에 100만 명이 넘는 시민이 모이기도 했습니다.

어떻게 이런 일이 있을 수 있었을까요? 여러 가지 이유를 생각

할 수 있겠지만, 무엇보다 우리 역사를 떠올릴 수 있을 것입니다. 대한민국 현대사 말입니다. 가장 가까이는 30년 전 6월 항쟁과 노동자 대투쟁이 있습니다. 그때 수많은 시민이 거리에 나와서 "독재 정권 물러가라!"라고 외쳤지요. 이런 시민들의 외침에 독재 정권이 무릎을 꿇어서 지금의 헌법이 만들어졌습니다.

그때는 지금처럼 평화롭게 시위를 벌일 수 없었습니다. 거리에 사람들이 조금만 모여도 경찰이 최루탄을 쏘고 곤봉을 휘둘러서 시위를 막았습니다. 그래도 시민들은 굴하지 않았습니다. 그랬기 때문에 독재 정권도 한발 물러서지 않을 수 없었지요.

많은 사람이 그때 일을 기억하고 있습니다. 게다가 그때 만들어진 약속이 헌법에 담겨 있습니다. 박근혜는 헌법에 담긴 이 약속들을 지키지 않았습니다. 그래서 다들 "박근혜 물러가라!"라며 촛불을 들고나왔지요. 경찰도 30년 전처럼 이 시위를 힘으로 억누를 수는 없었습니다. 약속을 안 지킨 게 박근혜라는 사실을 경찰도 빤히 알았기 때문입니다. 이게 촛불 집회가 평화롭게 이뤄진 이유 가운데 하나였습니다.

촛불 혁명은 6월 항쟁이 있었기에 가능했고 6월 항쟁은

    30년 전 여러분의 엄마, 아빠, 삼촌뻘 되는 분들이 민주주의를 위해 열심히 싸운 덕분에 이번에는 좀 더 쉽게 민주주의를 지켜낼 수 있었던 것입니다. 그럼 1987년 그때는 어쩌면 그렇게 최루탄에도, 곤봉에도 굴하지 않고 싸울 수 있었을까요?

    이 생각을 하다 보면, 다시 또 그 이전 역사로 거슬러 올라가게 됩니다. 6월 항쟁으로부터 7년 전에 일어났던 광주 민주화 운동을 떠올리게 됩니다. 그때는 민주주의를 짓밟는 반란군에 맞서서 광주 시민들이 목숨을 걸고 싸웠습니다. 돌아가신 분들도 많았지요. 6월 항쟁 때 시민들은 7년 전 돌아가신 분들을 생각하며 용기를 내서 싸웠던 것입니다. 1980년 광주 시민들의 고귀한 희생 덕분에 1987년 6월 시민들의 승리가 있었다는 이야기입니다.

    이렇게 생각하다 보면, 다시 꼬리에 꼬리를 물게 됩니다. 광주 시민들이 민주주의를 위해 목숨 걸고 싸웠던 것은 이미 20년 전에 민주주의를 위해 목숨 걸고 싸운 경험이 있었기 때문입니다. 1960년에 이승만 독재 정권을 몰아낸 4·19 혁명의 기억이 있었기 때문이지요.

    4·19 혁명이 있을 수 있었던 것은 다시 3·1운동을 비롯한 독

립운동의 기억이 있었기 때문이고, 3·1운동이 있을 수 있었던 것은 다시 갑오년 농민 혁명의 기억이 있었기 때문입니다.

사랑과 정의를 위한 노력은 절대 헛되지 않다

그러고 보면 역사가 우리 곁에 '살아 있다'라는 말은 결코 빈말이 아닙니다. 민주주의를 위해 싸워 온 선조들의 역사는 지금 이 순간에도 살아 숨 쉬고 있습니다. 이 역사 덕분에 우리는 앞서간 이들보다 쉽게, 몇 발자국 더 나아간 곳에서 우리의 민주주의를 새로 시작할 수 있었습니다.

이렇게 역사 속에서 사랑과 정의를 위해 펼친 노력은 어떤 것도 헛되지 않습니다. 6월 항쟁도, 광주 민주화 운동도, 4·19 혁명도, 독립운동도, 동학 농민 혁명도 다 헛되지 않았습니다. 이 모든 앞선 싸움 덕분에 촛불 혁명은 멋지게 승리할 수 있었습니다.
　그리고 촛불 혁명의 승리 덕분에 이 모든 역사는 촛불과 함께 반짝이는 밤하늘의 별처럼 새롭게 다시 빛나게 됐습니다. 앞으로 여러분이 우리의 민주주의를 더욱 멋있게 키워갈수록 이 별빛은 더욱 찬란해질 것입니다.

| 이미지 출처 |

14쪽 김홍도의 풍속화 <벼타작>
본 저작물은 국립중앙박물관에서 공공누리 제1유형으로 개방한 이미지를 이용하였습니다.

15쪽 노비매매명문
본 저작물은 국립중앙박물관에서 공공누리 제1유형으로 개방한 이미지를 이용하였습니다.

33쪽 전라도 관찰사가 동학 농민 운동과 관련해 도내에 배포한 문서
본 저작물은 국립중앙박물관에서 공공누리 제1유형으로 개방한 이미지를 이용하였습니다.

37쪽 고종의 어진
본 저작물은 국립중앙박물관에서 공공누리 제1유형으로 개방한 이미지를 이용하였습니다.

55쪽 백악춘효-빼앗긴 궁궐의 봄
본 저작물은 국립중앙박물관에서 공공누리 제1유형으로 개방한 이미지를 이용하였습니다.

146쪽 헌법 공포 기념사진
본 저작물은 국립민속박물관에서 공공누리 자유 이용 허락으로 개방한 이미지를 이용하였습니다.

171쪽 당시 광주에서 찍힌 사진
본 저작물은 위키백과의 이미지를 사용하였습니다. 위키미디어 공용 cc-by-sa, by Mar del Este

179쪽 마이크 앞에 선 전두환
본 저작물은 서울특별시에서 운영하는 서울사진아카이브에서
공공누리 자유 이용 허락으로 개방한 이미지를 이용하였습니다.

189쪽 공영 간이 주택 입주식의 박정희
본 저작물은 서울특별시에서 운영하는 서울사진아카이브에서
공공누리 자유 이용 허락으로 개방한 이미지를 이용하였습니다.

※ 출처를 밝히지 않은 그 외의 이미지들은 저작권 보호 기간이 만료되어 저작권이 소멸한 이미지들입니다.
이후 저작권이 발견되는 이미지가 있다면 적절한 절차를 밟아 허가받겠습니다.